知っていると仕事がはかどる

若手公務員が
失敗から学んだ
一工夫
（ひとくふう）

島根県財政課長
芳賀健人 著
島根県人事課 監修

ぎょうせい

はじめに

　昨年32歳になった私ですが、これまでたくさんの失敗をしてきました。

　社会人3年目のときです。私は採用の仕事をしており、ある日、他部署の先輩に業務説明会の講師を依頼しました。

　緊張しながら電話で「○月△日に説明会の講師をしてください」と伝えると、仕事が立て込んでいたのか、急ぐ様子で「案件はわかったから、詳しくはメールして」との反応が返ってきました。

　しかし、説明会の前日になっても講師から資料が届きません。不安に思って電話すると、講師が説明会を忘れており、その時間帯に別の仕事を入れていたことがわかりました。

　私は、「どうして？」と驚きましたが、すぐ、自分がメールを送り忘れていたことに気づきました。

　前日に講師が決まらない事態に青ざめた私は、すぐにほかの先輩に相談し、断られながらも3人目でなんとか承諾いただけました。

　「なぜメールを送り忘れてしまったのだろう。次からは、やることをチェックリストにして、もれがないようにしようか」

　「そもそもお願いごとを電話1本でやるのがいけなかったのか。足を運んでいれば、資料も渡して説明できたのかな」

　説明会終了後、無事に終わった安堵感と、自分のミスに落ち込みながら、帰路につきました。

失敗から学んだこと

　私は、仕事の覚えも要領も、決してよいほうではありませんので、このほかにもいろいろな失敗をしてきました。

　ただ、失敗したぶん、「次からはこうしよう」と学ぶこともありました。時には、何が正解かわからずに悩み、泥臭くもがく中で、徐々にコツをつかんでいくときもありました。

　上司から教えてもらうことも、たくさんありました。
　「いいかい、資料は相手に理解してもらわなければ意味がない。読み手の立場に立って書いてほしい」
　「まずはスケジュールを立てよう。段取りを丁寧にすることが大切だ」
　言葉で伝えてもらうと、何が大切か、明確に意識することができました。

　言葉以外にも、仕事ぶりを見て学ぶこともありました。
　「これから先方との打ち合わせだが、私の説明ぶりをよく見ておくこと」と言ってくださる上司であればじっくり見て学び、そうでなくても、「今の説明、わかりやすかったな」「こういう進め方をすれば、スムーズにできるのか」と、上司や先輩の様子を見ては自分が真似できることはないかを考えました。

知りたかったのはベースとなる「仕事の仕方」

　こうして学んだことは、部署を異動しても役立ちました。
　自分なりに説明のコツがつかめると、上司がかわっても、説明で苦労する場面は少なくなりました。
　もちろん、自分が担当する業務の知識は、異動のたび、一から勉強し

なければなりません。私たち公務員の仕事にはさまざまな分野があるので、異動によりまったく毛色が違った仕事をする場合もあるでしょう。

しかし、スケジュールの立て方や資料のつくり方、説明の仕方といった「仕事の仕方」は、部署が変わっても求められるように思います。

いわば、それぞれの仕事のベースになって、私たちの仕事を支えてくれているのかもしれません。

「仕事の仕方」を言語化できないか

若手時代の話をしてきましたが、私は今、総務省から島根県庁に出向し、課長を務めています。

管理職の立場になると、仕事の仕方について「若い頃、こういうことを考えていればよかったのか」といった発見もありました。

若手職員さんから、仕事の仕方で相談されるケースもあります。自分自身、少し前まで若手だったこともあり、「同じように悩んでいたな」と、当時の自分が鮮明に思い出されました。

ただ、考えてみると、若い頃は皆、「仕事の仕方」で似たような悩みを抱えているのに、それを教えてくれる場所はなかなかありません。

たとえば、学校なら教科書があり、先生が黒板にわかりやすい板書をしてくれます。一方、社会人になると、学校の先生ほど手取り足取り教えてくれる人はいません。

上司や指導係の先輩も、それぞれの仕事を抱えながら、仕事中あるいは空き時間で、「仕事の仕方」を教えています。特に激務の職場では、上司も部下も目の前の仕事に精一杯で、丁寧に教える時間はないでしょう。

それでも、こうした「仕事の仕方」について、職場とは別に学ぶ機会があれば、よりよい仕事につながるのではないかと思います。

　ひょっとしたら、数年おきの異動で仕事内容がガラッと変わる公務員だからこそ、ベースとなる「仕事の仕方」があると、少しでも気持ちが楽になるのかもしれません。

　また、「仕事の仕方」は、時間をかければ、年数を重ねる中で、なんとなく身についていくこともあります。

　しかし、若い頃から意識することで、修得スピードが速まり、そのぶん、さらなるスキルアップが図れるのではないでしょうか。

　そんなことを考えていると、「仕事の仕方の言語化」というフレーズが、頭の中に浮かんできました。

島根県庁で連載をはじめてみた！

　「若手時代に知っておきたかった仕事の仕方を言語化することで、若手職員さんの力になれないか」

　そう考えた私は、令和3年4月から、職員さんが業務で使うポータルサイトの掲示板に、仕事の仕方に関する文章を投稿しはじめました。

　連載のタイトルは、「若手職員の皆さんへ～日々の仕事の一工夫～」。

　自分が若手時代に考えたことや、実際の相談を踏まえ、「若手職員が何に悩んでいるか」「どういった話をすれば、よりよい仕事につなげられるか」、できる限りリアルな若手職員さんの感覚に近づけられるよう、何度も書き直して、投稿しました。

初回は、すぐ実践できる身近なテーマを選び、「仕事ではメモを取ろう」「自分の抱える仕事は見える化しよう」について話をしました。

ありがたいことに、投稿した文章は、多くの職員さんが読んでくださり、「仕事の参考になった」といった感想メールもたくさんいただきました。

連載から広がった「仕事の仕方」の多様性

届いた感想の中には、「今回の話、私はこう思います」「私はこんな方法でやっています」のように、ご自身の「仕事の仕方」を紹介してくれるケースも多数ありました。

「仕事の仕方」の言語化が連載の出発点でしたが、連載で伝えているのはあくまで私個人の考えです。私以外の異なる「仕事の仕方」を紹介することで、若手職員さんの学ぶ幅を広げられないかと考えました。

そこで、届いた感想を、次回以降の連載で紹介するようにしました。
イメージは、ラジオのお便り紹介コーナーです。若手職員さんからは「なるほど、こんなやり方もあるのか」「自分と同じ考えの人がいて共感した」と好評でした。

こうして、私の「仕事の仕方」の言語化の試みは、皆さんからの応援と多様なフィードバックに支えられ、毎月2回の連載を、2年間にわたって続けることができました。

本書は、そんな島根県庁での連載を、1冊の本にまとめたものです。

本編を読む前に…

いつまでが若手職員？

　本書は、島根県庁での連載と同様、若手職員の方々に向けた内容です。
　一方、いつまでが若手職員かは人によって考えが異なるかと思います。

　そこで本書では、特に社会人になって３部署目までの方を念頭に置いて書き進めました。
　というのも、おおむね３部署目までは、長い社会人生活で土台を固める時期。この時期に仕事の仕方を意識し、土台を固めることで、今後、より難易度が高い仕事に対しても、しっかりと取り組めるのではないかと考えました。

　もちろん、４部署目以降の方にとっても、「１年目、こういったことで悩んでいたな」と昔を思い出してもらったり、意識していなかった仕事の仕方があれば「なるほど」と感じてもらえたりするかもしれません。
　また、部下を持つ方には、「若手職員がどのようなことで悩んでいるか」を知る参考にもなればと思い、幅広い方々に読んでいただける内容を心がけました。

若手職員さんの成長をイメージ

　次に、本書では、若手職員さんがだんだんと成長していくイメージができるよう、３つの段階に分けた章立てとしました。
　それぞれ、

・第1章「社会人1年目の皆さんへ」では、仕事や社会人のイメージができていない駆け出しの頃に、心がけてほしいこと、
・第2章「2部署目に異動した皆さんへ」では、基本的な仕事の仕方はわかってきたが、仕事の密度が上がり、忙しくなったときに心がけてほしいこと、
・第3章「3部署目に異動した皆さんへ」では、プロジェクトの主担当になり、舵取りをしなければならない時期に心がけてほしいこと、
について書いています。

　一口に若手職員といっても、幅があります。
　1年目の方は、職場での挨拶を気にするかもしれませんが、2部署目の方は、忙しいときの優先順位のつけ方が気になるかもしれません。

　私も、若手職員さんと話すとき、「この話はまだ早いかな」と相手によって話す内容を選ぶことがあります。実際、「職場でいろいろなことを求められるけれど、消化不良。結局、1年目はどこまでできていればいいのか」という相談が寄せられたこともあります。

　そうした背景から、本書では若手職員を一括りにしない3段階の構成としました。ほかのビジネス書にはあまり見られないかもしれません。

　ただ、この構成が、若手職員全員に当てはまるわけでもないと思います。
　実際には、2部署目より1部署目のほうが忙しい場合もあるでしょうし、「この内容は、○部署目よりもっと早い（または遅い）段階で学ぶべきではないか」といった声もあるかもしれません。
　たとえば、メンタルヘルスは、忙しい時期に特に気をつけてほしく、2部署目の章に書いていますが、本当は、1年目を含むすべての若手職

員さんに知っておいてほしい内容でもあります。

　その点で、皆さんすべての声に応えるものではありませんが、若手職員の成長イメージの1つの捉え方として、構成自体も楽しんでもらえればうれしいです。

多様な「仕事の仕方」を大切に

　最後に、本書では、島根県庁での連載と同様、さまざまな仕事の仕方を大切にしたいと思っています。

　これからお話しする仕事の仕方は、あくまで私個人の考えであり、1つの見方に過ぎません。
　そもそも、仕事の仕方は人それぞれです。「必ずこうしなければ」というわけでもないですし、私自身、いろいろな仕事の仕方があるほうが、多様な人材が集まり、強いチームになるとも思います。

　そこで、本編のところどころで、ほかの方々の仕事の仕方を「お便り掲示板」として紹介し、若手職員さんに多様な考えに触れてもらうきっかけとしました。島根県庁の連載時に届いた職員の声を紹介するコーナーです。
　「ほかの人は、こう考えているのか」「このエピソード、おもしろい」など、コーヒーブレイクとしてお読みいただければと思います。

では、いよいよ本編に入りましょう。

　本書は、ちょっと前まで若手だった管理職が、同じ時代を生きる若手職員の皆さんの背中を少しでも押せたらと、明日から実践できる「一工夫」をお話しするものです。
　先ほどの「言語化」「成長」「多様性」の３つのキーワードを頭に入れながら、楽しんでもらえればと思います。

　それでは、よろしくお願いします。

はじめに

本編を読む前に…

第2章　2部署目に異動した皆さんへ　53
～仕事に追われないために心がけたいこと～

第**3**章

3部署目に異動した皆さんへ
～自分から仕事を回せるようになろう～

STEP 1　仕事の舵取りは自分がする

（1）段取りを組む段階で勝負は決まる

（2）自分で仕事の段取りを組もう

（3）スケジュールは相手の時間も大切に

STEP 2　改めて考えるコミュニケーション

（1）想像力から信頼へ

（2）TPO で手段を使い分けよう

（3）上司との関係を考える

（4）仕事相手には丁寧に

（5）後輩ができた、どうする？

特別編　かつて若手だった先輩たちから　143

第1章

社会人
1年目の皆さんへ

〜基礎を大切に積み重ねていこう〜

1年目の皆さん、新社会人おめでとうございます。

　はじまったばかりの社会人生活に胸を膨らませつつ、自分が社会人としてやっていけるか不安な気持ちもあるかと思います。

　第1章では、そんな皆さんに、どういったことを心がけて社会人1年目を歩み出してほしいか、私の考えをお話しします。

　気負わずあせらず、一つひとつできることを積み重ねていきましょう。

1　新社会人、まずは何から?

#リラックス　#メリハリ　#挨拶　#朝食は取る
#体と心を休める　#規則正しい生活

（1）形から入る、社会人の姿勢

①肩の力を抜こう

　まず、1年目の皆さんは、肩の力を抜いてみましょう。

　というのも、社会人になりたての時期は、とにかく緊張します。

　学生時代の人付き合いは同世代が多く、居心地がよかったかもしれませんが、社会人になると一変します。私もそうでした。

　知らない人たちの中に放り込まれ、職場には同世代が1人いるかいないかで、ほとんどはひと回りふた回り年上の人ばかりです。

　職場で自分がどう振る舞えばいいか、戸惑うこともあるでしょう。

　そんな状態で「緊張するな」とは難しいかもしれませんが、仕事でパ

フォーマンスを発揮するには適度なリラックスやメリハリも必要です。

それこそ私たちの勤務時間は、大きく捉えると１日の３分の１、起きている時間の半分程度を占めます。それほどの長い時間、気持ちが張り詰めてばかりでは、それだけで疲れてしまいますね。

職場の先輩方を見ても、気を張り続けているというより、ほどよく力を抜いているのではないでしょうか。

社会人になりたてで緊張していると感じる方は、まずは肩ひじはらず、リラックスして机に向かいましょう。

②挨拶はしっかりしよう

次は挨拶です。

１年目の皆さんは、朝、職場に来たときの「おはようございます」、退庁するときの「お先に失礼します」、人に会ったときの「こんにちは」など、挨拶をしっかりしましょう。

よい挨拶は、周りの気持ちを明るくし、「この人と話してみようか」と思ってもらえます。

特に若い頃は、「しっかりと挨拶ができる」「礼儀正しい」、それだけで相手には好印象を与えます。ある意味、ボーナス期間かもしれません。

そして、教えてもらったら「ありがとうございます」、お願いするときは「よろしくお願いします」。こうした言葉も、しっかり伝えられるといいですね。

たとえば、先輩に何かを教えてもらったとき、明るく「ありがとうございます。やってみて、わからなければまた相談させてください」と言

うか、ぼそっと「わかりました」とだけ言うかでは、先輩の受け止めも異なります。

　挨拶は、仕事を円滑に進めるための潤滑油。まず形から入るものとして意識してみてください。

（2）生活リズムをつくろう

　次に意識してほしいのは生活面です。

　学生の頃は、不規則な生活だった方もいるかもしれませんが、社会人になれば、週の5日は毎朝決まった時間に出勤し、夕方まで職場にいなくてはなりません。この生活の変化はなかなか大変です。

　私も、学生時代は夜型で不規則な生活でしたので、社会人になって最初の1、2週間は、正直、体を慣らすので精一杯でした。

　そのため、1年目の皆さんには、次の点を心がけて早めに社会人の生活リズムをつくってほしいと思います。

①食事

　栄養ある食事はよい仕事をするための体づくりにつながりますが、特に朝食は取るようにしましょう。

　というのも、勤務時間が8：30〜17：15なら、午前・午後は半々程度と午前中の占める割合が大きいからです。朝食を抜いてしまうと午前中にエネルギーが出ませんので、1日の半分を低いパフォーマンスで働いてしまうことにつながります。

　朝の時間が惜しい気持ちもわかります。その場合は、料理をつくり込

まず、簡単なもので続けてみてください。

　私も、特に冬はギリギリまでベッドにいたいので、ごはんに納豆と前日のスープなど簡単なものにしています。すぐ食べられるパンやバナナなどを買っておいたり、前日の晩ごはんを多めにつくったり、週末につくり置きをしたりする人もいますね。無理せず続けられるものがポイントだと思います。

　また、朝食だけでなく、昼食、夕食もきちんと食べましょう。
　食事は日々の習慣となるものですので、野菜などの栄養は意識して取るようにしたいですね。

②睡眠・休息

　どれくらい睡眠時間を確保するかは、人による部分もあるかと思いますが、少なくとも翌日の仕事に支障が出るようでは、十分な睡眠とはいえません。この場合は、睡眠習慣を見直しましょう。
　ちなみに、私の場合は、7時間程度、短くても6時間は睡眠時間を確保したいと思っています。

　また、仕事から帰宅したら、しっかりと休みましょう。
　特に1年目は、失敗や気落ちすることが多いものですが、それが頭から離れずに落ち込み続けると、メンタルヘルス上もよくありません。
　難しいかもしれませんが、反省したら引きずらないよう心がけ、帰宅したら、好きなことをしたり、おいしいものを食べたり、ゆっくりしたりするなりして、頭を切り替えましょう。

③規則正しい生活を

　最後に、規則正しい生活を心がけましょう。

土・日曜日が休みであれば、平日は5日間の出勤となりますが、その中で「火曜だけ朝食を取る」「水曜に2時まで夜ふかししたので、木曜は8時に就寝」と、日によって生活にムラがあると、仕事で一定のパフォーマンスを上げるのは難しいかもしれません。

　そこで、「朝は△時にはベッドから出る」「朝食を食べる」「△時頃に職場につく」「帰宅して△時頃に夕食を食べる」「△時頃にベッドに入る」といった一定の生活リズムをつくるよう心がけてください。
　手っ取り早いのは、毎日、ある程度同じ時間にベッドに入ることです。日によって睡眠時間が変わることもなく、安定した生活につながりやすいと思います。

　食事、睡眠・休息、規則正しい生活、いずれも、「仕事でパフォーマンスを発揮するための生活リズム」という視点でお話ししましたので、参考にしてみてください。

2　1年目、この基礎さえあれば

#積極的に質問　#メモを習慣化
#書き出して頭を整理　#抱え込まずに報連相
#締切は守る　#スキルを見て盗む　#研修は投資

（1）質問のススメ

　ここからは、いよいよ仕事の仕方についてです。

　まず、1年目の皆さんは、わからないことはしっかり質問するよう心がけましょう。

　1年目はとにかくわからないことばかりです。

　私自身も、1年目はすべてがはじめてで、いわば「「何がわからないか」がわからない」状態でした。

　「自分の業務に関する文章を読んでいるのに内容が理解できず、頭に入ってこない」「先輩が教えてくれるが、聞いた言葉が漢字変換できない。"ケッサイ"って何？」、こんなことは日常茶飯事です。

　周りは聞き慣れない言葉のオンパレード。まして、略語であれば検索しても出てきません。

　自分の仕事のできなさに直面し、「これで社会人をやっていけるのだろうか」と不安になりますが、大丈夫。周囲の先輩たちも、1年目は皆さんと同じだったはずで、最初は皆、できないところからスタートします。

　わからないことがあるのは、決して悪いことではありません。

　そこで、質問のススメです。

積極的に質問し、わかることを増やして、一つひとつ前に進みましょう。

とはいえ、先輩が忙しそうだと聞くのも気が引けますよね。

そんなときには、「お忙しいところすみません。仕事でわからないことがあるので、どこかで△分ほどお時間をいただけないでしょうか」と切り出してみてください。

こうした切り出し方なら、忙しい先輩も「じゃあ後で声をかけるね」と言ってくれると思います。

また、仕事の指示があったとき、わからないことがあれば、あいまいなままにせずに確認するようにしましょう。

なぜかというと、最初の方向性を間違えたまま仕事を進めると、時間も労力も無駄になってしまうからです。上司目線でも、「こういう資料を作成してほしいとお願いしたら、質問もなく理解したような顔だったが、しばらくして出てきた資料が全然イメージと違うものだった」という事態は、避けたいところです。

このほか、わからないことがなくても、指示内容を復唱してみてください。上司との認識ズレがないか確認でき、おすすめです。

（2）メモを取る習慣をつけよう

①忘れないように書き留める

仕事は、職場での打ち合わせ、外部からの電話、メールの文章など、言葉のやり取りで進んでいきます。

その中でも、口頭でのやり取りは、その後に何もしなければ、発言したそばから消えていってしまいます。

記憶しようとしても、私たちの記憶力には限りがありますので、聞いたことすべてを記憶できません。まして1年目であれば、周囲が話す言葉がわかりませんので、そのぶん、覚えることに苦労するかと思います。

　そこで、メモを取る習慣を身につけましょう。
　たとえば、上司に呼ばれて指示を受けるときや打ち合わせに同席するとき、電話がかかってきたときには、メモを手元に置いて、書き留めながら話を聞くようにしてみてください。

　メモをしておけば、次の作業に移る方針として、作業をするときに見返すことができます。わからない言葉があってもとりあえず書き留めておけば、後から周囲に質問できますね。
　また、メモにいったん書き出しておけば、頭の中に留める必要もありませんので、ほかの作業に集中して取り組めるかもしれません。

　若い頃の私は、上司に呼ばれたときにメモを忘れることがよくありました。たいてい、上司にワーッと話され、自分の席に戻ったら、「あれ、何するんだっけ？」となっていた気がします。
　相手からのボールをしっかりと受け止めるためにも、メモは手元に携えておきましょう。

②アウトプットとしてのメモ

　メモの力はそれだけではありません。

　仕事で悩んだときは、考えていることを書き出すことで、ゴチャゴチャしている頭が整理され、そこから新たな発想が生まれることがあります。

この点、メモは、自分の脳の記憶補助機能だけでなく、思考を整理・洗練させる機能を果たしてくれます。

このほか、協議中に作成する資料のイメージが浮かぶようであれば、その場でメモに大枠を書き、それを見せながら具体的に議論することもあります。

メモスキルは、インプット、アウトプットの両面から、若手に限らず必要です。私の周囲でも、メモを取るスピードが速くてもれがない、メモの段階から階層立ててまとめている方がいて、すごいなと思います。

1年目の皆さんも、まずはメモを習慣化することから意識してみてください。

（3）身を守るためにも「報連相」はしっかりと

よく聞く、報告、連絡、相談の「報連相」は、公務員になった皆さんにも大切なスキルです。特に、1年目の皆さんにとっては、「報連相」は身を守る手段でもあります。

若い頃は、経験がないぶん、自分に降ってきた仕事の軽重が判断しにくいものです。そこまで問題ないだろうと思っていた案件が、上司から見たら要注意だった、ということもよくあります。

加えて、対処方法の知識も十分ではありません。1人で抱えてしまっても、対処できなければ時限爆弾のように締切を迎えてしまうだけです。

そこで、「報連相」です。

まず、「報告」。1年目、特にはじめの頃は、何か案件が舞い込んでき

たら、まずは報告をして、上司に進め方の指示を仰いでみてください。

　次に、「連絡」。進行途中の案件でも、「先ほど調査を依頼したところです」、「来週に回答があります」と一声かけておきましょう。職場で係の朝礼があれば、そこで進捗を連絡するのもいいですね。

　そして、「相談」。自分で抱えきれない案件が降ってきたら、早めに相談しましょう。周囲が忙しくしていると気が引けますが、ずっと悩んでいても解決しません。

　フットワークを軽く、「報告、連絡、相談」できることは１つのスキルだと思って、実践してみてください。

（4）締切は守る癖をつけよう

　１年目の皆さんの仕事は、ほとんどの場合、１人で完結する仕事というよりは、全体の一部を担っている仕事であることが多いと思います。

　たとえば、部内のとりまとめ課から調査があったとき、私たちは回答すれば仕事が終わったような気がしてしまいますが、依頼元では、回答の集計や内容の確認が行われています。そして、皆さんへの調査と同様、たいてい、依頼元にも締切が設定されています。

　そのため、依頼を受けたら締切は守る癖をつけてください。

　締切に間に合わないということは、依頼元の次の作業に支障が生じることになり、多くの人に迷惑をかけます。

　守れないと思ったなら、早めに依頼元に締切を相談しましょう。依頼があった時点で相談できるとベストです。

　実際には、締切めがけて作業するのではなく、１日程度余裕をもった

1
部署目

2
部署目

3
部署目

「マイ締切」を設定するとよいかもしれません。

　提出が早ければ早いほど依頼元は喜びますし、不測の事態で想定より時間がかかったとしても、締切に間に合わせることができます。

　また、依頼は回答の内容にかかわらず、必ず相手に返しましょう。

　特に、相手が求めている回答ができないときには、返すのが億劫になる気持ちもあるかもしれません。しかし、相手はこちらの回答を待っていますし、回答がいつまでもないと、次の動きに移れません。相手の立場にも立って、仕事を止めることのないようにしましょう。

　締切に対しては、時々ルーズな人がいますが、周囲からの信用をなかなか得にくい印象があります。

　1年目の最初だからこそ、締切はしっかりと守る癖をつけてほしいと思います。

（5）スキルを見て盗もう

　「はじめに」でも触れたとおり、仕事の仕方は、周囲を観察して学ぶことも多くあります。

　実際、職場にいる時間は長いので、そこで多くの学びを得ることができれば、よりスキルアップできるかと思います。また、書籍など活字からの学びと違って、見て学ぶことは、映像として頭に入るので真似しやすいです。

　そこで、1年目の皆さんは、普段からの学びの幅を広げるため、「見て盗む」意識をもってみてください。

　学べることは、自分の意識次第です。先輩の電話1つとっても、隣で

聞き耳を立てれば、電話応答の勉強になります。先輩が上司に説明する際には、どう説明すれば上司の理解が得やすいか、ヒントがあるかもしれません。上司の会議への同行は、上司の考え方や立ち振る舞い、説明ぶりを学べるチャンスです。

　私も若い頃、ある上司の「独り言」を真似したいと、見て学んだことがあります。

　「やばい、これやらなきゃ」「困ったなあ」「よし、やるぞ」。その上司は元気に独り言をつぶやく方で、周囲もそれに応じて「何か手伝いますか？」と声をかけ合い、テンポよく仕事が進んでいました。

　そこで、私もそれを見倣い、困ったときに独り言をつぶやくようにしてみました。別の職場でもつぶやいていると、周囲の方がピンチに気づいて、「コピーしますよ」「その電話、私しますよ」と声をかけてくださり、うれしかった覚えがあります。

　もちろん、独り言は1つの例です。仕事の仕方に絶対というものはありませんので、周囲を見て「いいな」と感じ、自分に合った方法があれば、自分なりにアレンジして取り入れてみてください。

　そうすることで、仕事の仕方の幅が広がっていくと思います。

（6）研修はきちんと受けよう

　先ほどの「見て盗む」は職場での学びですが、研修も学びの場です。

　1年目の皆さんは、新規採用職員研修をはじめ、これからさまざまな研修を受けることになります。

　当たり前のことですが、研修はしっかり受けましょう。

皆さんが受ける研修は、公務員として身につける必要があるから業務として受講するものです。また、その時間の給料や講師への謝金、会場費などは、税金から賄われています。

　その点では、研修は投資とみることができますし、高い投資効果を得られるか否かは、皆さん次第の部分もあります。

　そのため、研修を聞くだけでよいと受け身の姿勢でいるのはやめ、1つでも多くの学びがあるよう心がけて、研修を受けてほしいと思います。

　ちなみに、私が個人的に取り組んでいることは、次の2点です。

　1点目はメモを取ることです。

　研修によっては、講師が、資料に書いていない内容や具体例を話す場合があります。一見、雑談に感じるかもしれませんが、テーマの本質を突いていたり、資料には書けないオフレコなエピソードだったりすることがあります。

　このような話をメモしておくと、後で見返したときに研修内容を思い出しやすくなりますし、手を動かすぶん、研修中も退屈しません。

　2点目は質問するつもりで聞くことです。

　たとえば、研修の冒頭で「話を聞いた後で質問してください」と言われたら、「質問を考えなくては」という意識が働き、相手の話を注意深く聞くようになります。

　そのような姿勢で話を聞くと、研修に対する主体性が高まり、話が頭に残りやすくなります。もちろん、「質問するつもり」ですので、結果的に質問しなくても構いません。

　いずれも、インプットを高める意識づけとしての仕掛けです。よければ試してみてください。

お便り掲示板　その１

このコラムでは、私の元に届いた感想メールを紹介します。若手職員から管理職まで広く感想が届いていますので、多様な考えに触れるきっかけになればうれしいです。

▶ P.23「質問のススメ」を読んで

「上司から見た質問」

以前、上司が、「若手から質問を受けると安心する」と話していました。質問の内容から「今どういう理解度か」「どこがわからないのか」などが把握できるということで、印象に残っています。

たしかに、上司の立場で考えれば、指示をしたときに反応が薄く、うつむいたままでは、本当に理解しているか不安になりますね。
質問してもらうと、伝えきれていない箇所がわかり、認識のズレもなくしていけます。わからないことは積極的に質問しましょう。

「所属１年目にできるだけ質問する」

私は中堅世代ですが、「所属１年目にできるだけ質問する」ことを心がけています。
20代の頃、仕事のやり方に疑問を持っても「こんなこと誰もが考えてきたことだよな」と考え、何もしませんでした。しかし、所属３年目になったとき、１年目の若手から同じ質問をされ、その疑問に答えられませんでした。
それ以来、何歳であっても、できるだけ所属１年目で疑問点を解消し、翌年度につなげることを意識しています。
特に異動して１年目の人は、新鮮な視点を持っているので、仕事をよりよくしていくためにも、質問してほしいと思います。

▶ P.24「メモを取る習慣をつけよう」を読んで

「敢えてメモを取らない」

私は、普段の仕事ではメモを取るよう心がけていますが、一方、企業など外部の方と話をするとき、敢えてメモを取らないこともあります。

外部の方にとっては、ずっとメモを取られると、構えられ、本音を話しにくいときもあるかと思います。そういうときには、敢えてパタンとメモを閉じると、オフレコ・プラスアルファの話を伺えることもあります。後で記憶をたどって必死にメモ起こしすることもありますが（笑）。

たしかに、一言一句メモを取られていると思われると、本音をなかなか話しにくいかもしれませんね。そう考えると、メモだけでなく、相手の顔を見て、話に集中することも大切でしょう。

1年目の皆さんは、基本はメモをしっかり取ることを学んでほしいですが、この方のように、ケースバイケースであることも知ってもらえればと思います。

▶ P.26「身を守るためにも「報連相」はしっかりと」を読んで

「私なりの報連相」

1年目の最初の頃、上司に「報告・連絡・相談」をしっかりしようと言われていました。

はじめのうちは内容の軽重にかかわらず行っていましたが、仕事に慣れてからは案件によって、①すぐ上司に報連相するもの、②少し自分で考えてから上司に伝えるもの、③上司ではなく先輩職員に尋ねるもの、と分類して取り組むようになりました。

上司からはこの進め方で助かっていると褒められ、上司にもキャパシティがある中で、お互いの負担にならないよう報連相することが大切だと感じました。

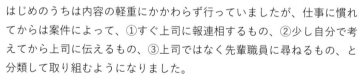

「電話は大きな声で」

報連相に関連して、外部の方からの電話で、難しい案件のときには、周囲にも聞いてもらえるよう、大きな声で受け答えすることがあります。以前、大きな声で受け答えをしていたら、周囲の職員さんが関係する資料を手渡してくれ、大変助かりました。

電話は、私も案件によっては、周囲にも聞こえるよう、敢えて大きめの声で話すことがあります。
上司目線では、部下が若かったり、着任して間もなかったりすると、仕事のやり取りがきちんとできているか、というのは気になります。
電話の内容を聞いていて危険そうだなと思ったら、終わってから「どんな案件だった？」と尋ねたり、電話中に「代わるよ」とメモを出したりすることもありますね。

▶ P.28「スキルを見て盗もう」を読んで

「わからないという独り言」

私は中間管理職ですが、職場でよく「わからない」と独り言を言います。
あるとき、仕事で関わりがなく、席も離れていた若手職員さんが、「実は、○○さんの『わからない』という独り言に救われていました。『わからない、わからない』という声が聞こえるたびに、『わからないのは自分だけではない』と思えていました」と話してくれました。
そんなに大きな声で言っていたかと思うと恥ずかしくもありましたが、「困っていること・わからないこと」を口に出すのは恥ずかしいことではなく、それを皆で共有できると優しい職場になるのではないかと思いました。

「いろいろな芸風」

若手世代ではありませんが、「スキルを見て盗む」というお話に共感しました。私も若い頃は、勢いで進む人、根回しを徹底する人、自分の信念で引っ張る上司、皆の意見を聞く上司と、いろいろな人に出会い、自分に合う部分を吸収してきました。

若手職員さんにも、偶然同じ職場になったさまざまなキャラクター、いわば「芸風」をもった職員さんとの出会いを、役立てていってほしいと思います。

「芸風」という言葉は、イメージが湧きますね。
おっしゃるように、仕事の仕方は、人それぞれのやり方があっていいと思います。若手職員さんには、先輩方の多様性に触れながら、自分なりの「芸風」を育てていってほしいですね。

▶ P.29「研修はきちんと受けよう」を読んで

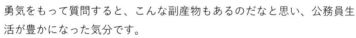

「研修での質問」

「質問するつもりで研修を受ける」という言葉が新鮮で、実践してみたら、主体性をもって研修に取り組めるようになりました。

また、実際に質問を考え、研修後に「自分はこういうことで悩んでいるが、どうしたらいいか」と質問したところ、顔や名前を覚えてもらい、その後もメールで講師とやり取りすることがありました。

勇気をもって質問すると、こんな副産物もあるのだなと思い、公務員生活が豊かになった気分です。

3　知っておくとラクになる心の処方箋
　　CASE①仕事で失敗してしまった

\#失敗をポジティブに捉える　\#抱え込まない・隠さない
\#悪い情報ほど早く　\#早めに気持ちを切り替える

社会人1年目は、いろいろな壁・悩みにぶつかります。

ここでは、1年目の皆さんが陥りやすい心の落ち込みに対し、少しでも気持ちが楽になればと、私なりの考えをお話ししようと思います。

（1）失敗の見方を変えてみる

社会人になるまで、大きな失敗をしてこなかった方もいるかもしれませんが、社会人になると、大小数え切れないくらいの失敗をします。

もちろん私も、青ざめてしまうものから照れ笑いで済ませられるものまで、たくさんの失敗をしてきました。

特に1年目は、経験もなく、わからないことばかりですので、多くの失敗をするでしょう。

しかし、失敗をすることで、学ぶこともたくさんあります。

そこで、若い方には、失敗をポジティブなものと捉えてほしいと思います。私自身も、若い頃に先輩から「失敗と質問は、若い頃の特権」と言われ、気持ちが楽になったのを覚えています。

失敗するだけ、それをバネに多くのことを学び、それが皆さんの糧となっていくと考えれば、過度に失敗を恐れる必要はありません。

「失敗＝ダメなこと」ではなく、「失敗＝成長への糧、より大きな失敗

をしないための第一歩」と捉え、若いうちに多くの失敗をしてほしいと思います。

（2）失敗は抱え込まない・隠さない

　若い頃、あるイベントの準備をしていたとき、挨拶をしてもらう外部の方の予定を押さえられておらず、別の予定が入っていたことが直前に判明しました。

　すぐ上司に報告すべきでしたが、当時の上司は怖い方で、「何と報告しよう」と悩んでしまいました。朝に判明してから悩み続け、やっと相談したのが夕方。上司から「いつ連絡があったの？」と聞かれ、「今朝です」と答えると、「報告が遅い」と叱られました。

　その後は、上司の指示が出され、バタバタと外部の団体と調整を行い、無事、出席してもらえることになりました。そのときの上司は、怖かったですが心強かったです。

　こうした経験から、トラブルや失敗のときに切り出しにくい気持ちは、私もよくわかります。

　しかし、今考えると、やはり、抱え込んだり隠したりすることはせず、早めに相談するに尽きると思います。

　失敗した瞬間は「もうダメだ」と落ち込みますが、組織というのは強いもので、周囲・上司がカバーしてくれます。私もこれまで多くの失敗をしてきましたが、皆さんの助けを得て、なんとかなってきました。

　ただし、失敗を隠されてしまうと、周囲・上司はカバーができません。

　時間が経てば経つほど、人知れず状況が悪化することもありますし、そのぶん、対策としてとれる選択肢も少なくなっていきます。

　当事者も、叱られることを恐れるあまり、どんどん言い出しづらくな

り、精神衛生上もよくありません。

　また、時間が経つと、今度は「なぜこうなるまで言わなかったんだ」と、隠したこと自体が責められます。不祥事の報道でも、「組織はいつから認識していたのか。認識したうえで放置していたのか」と問われることがありますね。

　加えて、隠したことで、皆さんがこれまで積み上げてきた信頼が崩れれば、それ以降の仕事がやりにくくなるかもしれません。

　そのため、失敗したときは、早めに上司に報告して指示を仰ぎましょう。
　してしまった失敗は仕方ありません。大切なのは、その失敗からどう立て直すか、そしてそこから何を学ぶかだと思いますので、意識してみてください。

1
部署目

2
部署目

3
部署目

（3）早めに気持ちを切り替えるには

　失敗すると、なんだかんだ、ヘコみますよね。
　かくいう私も、失敗するたびに自己嫌悪に陥ってしまう時期がありました。実は、今も結構引きずって、「あのとき、ああすればよかったな。なんで、あんなことをしたのだろう」と思い返すこともあります。

　落ち込むのはよくないと思いつつも、落ち込んでしまうのは人間ですし、仕方ないかもしれません。しかし、それが長期にわたると、精神衛生上もよくないですし、仕事にも影響してくる可能性があります。

　そのため、失敗をしたら、反省という意味での落ち込みはしつつも、早めにそこから回復して通常モードに戻るようにしたいですね。

たとえば、私の場合は、通常モードに戻るために、

・「誰しも失敗はあるものだ」と、失敗した自分を「できない自分」と
　して過度に責めず、許してあげる
・失敗の要因が自分でコントロールできないものなら、「自分のせいで
　はない」と割り切り、背負いすぎない（ある種の諦めをつくっておく）
・「なんとかなる」と気楽に考える（気持ちの余裕を持つ）
・おいしいものを食べ、好きなことをし（ストレス発散）、睡眠をしっ
　かり取る
　といったことを考えたり、実践したりするようにしています。

　また、管理職になってからは、自分の気の持ちようが部下にも影響す
ると知り、一層気持ちの切り替えを心がけるようになりました。
　私も若い頃そうでしたが、上司が早めに失敗から切り替えられている
と、部下も切り替えやすいですよね。

　失敗からの立ち直り方は、人それぞれと思いますので、一例として参
考にしてみてください。

4 知っておくとラクになる心の処方箋
CASE② 今の仕事がやりたいことではない

#やりたい仕事　#モチベーション　#どんな仕事も次につながる
#あせらず、くさらず　#仕事の面白さ　#やりたいことを広げる

（1）今の仕事は将来につながっていく

　私たち公務員の仕事は、地域振興や福祉、企業支援、土木、税務など
分野が幅広く、行政事務であれば、人事異動によって配属が決まります。

　人事異動では、希望どおりに配属される場合もあれば、そうでない場
合もあります。若手職員さんからは、「現在の課でやりたいことがなく、
モチベーションをもって仕事に取り組むことができない」という声も聞
きます。

　1年目の皆さんも、社会人になる前に思い描いていた仕事とは異なり、
モチベーションに悩むことがあるかもしれません。

　いろいろ考えることはあると思いますが、個人的には、まずは今の仕
事を大切にしてみてはどうかと思います。

　なぜなら、今の仕事で身につけたスキルや経験は次の仕事につながっ
たり、思わぬところで役に立ったりすることがあるからです。

　私も昔、人事異動で、あまり関心のなかったA部署への異動がありま
した。当時は、その部署のことはよくわかっておらず、正直、大丈夫かな、
不安だなと思っていたのを覚えています。

　しかし、実際に異動してみると、思いのほか、その業務は奥深くおも
しろいもので、新たなスキルも学べました。

次に異動したＢ部署では、当時、新しいプロジェクトの立ち上げ時期でした。その準備をしていると、上司から「Ａ部署の業務内容がプロジェクトの参考になるから、詳しく教えてほしい」と打診がありました。

　直近の仕事でもあったので、その知識を活かして資料にまとめると、上司から「とても参考になった、ありがとう」と声をかけられました。

　私の知人であるＸさんのお話もご紹介します。

　Ｘさんが30代の頃、仕事相手だった外郭団体の引っ越しがあり、大量の物品調達や契約事務が必要になりました。しかし、団体の職員さんは、これらの事務の経験が浅く、また、多忙で余裕もなかったため、困っていました。

　その状況を見たＸさんは、団体の職員さんを手伝うことにしました。Ｘさんにとっては、物品調達・契約事務は20代で修得したスキルです。

　そして、40代になったＸさんは、再びその団体と仕事をすることになりました。その際、団体の職員さんから、「あのとき助けてくれたＸさんとまた仕事ができるのはうれしいし、いい仕事ができると思っている」と声をかけられたようです。Ｘさんを信頼している様子がひしひしと伝わってきますね。

　このように、今の仕事にモチベーションが上がらないと感じても、そこで身につけたスキルや人との縁は、今後どこかで役立っていくように思います。

　特に、１年目に身につけたスキルは、これからの仕事の基礎となることも多いので侮れません。

　まずは、目の前の仕事やそこにいる人を大切に、少しでも前向きに取り組んでもらえればうれしいです。

（2）あせらず、くさらず！

　今の仕事に満足できていないと、あせったり、くさったりしてしまうこともあるかもしれません。

　「周囲の先輩と比べた自分の仕事ぶり」、「入庁前の社会人像と今の自分とのギャップ」、あるいは「忙しそうな同期と暇な自分」……。何かと気になって比較してしまうのも、若い頃は仕方ないかもしれません。

　ただ、周囲と比べて気落ちしても、何か解決されるわけでもありません。

　職場の先輩といっても、学生時代の先輩と違い、年齢差が大きいです。そんな先輩たちに1、2か月で追いつこうとしても難しいでしょう。

　また、忙しい同期に対して自分が暇だとあせっても、それは一時的なものです。お互い異動もありますし、今度は皆さんが忙しくなる時期がきっとあるはずです。

　1年目は、いわばまっさらな状態から、失敗を含むいろいろな経験をして成長していくときだと思います。

　仕事は一朝一夕でできるものでもありません。まずは目の前の仕事に向き合い、自分ができることを一つひとつ積み重ねていくような気持ちで、あせらず、くさらず取り組みましょう。

（3）自分なりのおもしろさを見いだしてみる

　それでもモチベーションが上がらないときがあります。そんなときは、仕事に「自分なりのおもしろさ」を見いだしてはいかがでしょう。

　もちろん、関心が低いものや、苦手分野、退屈に感じる作業もあると思います。すべての仕事におもしろさを見いだすのは難しいでしょう。

それでも、1つだけでもおもしろさを見いだせると、仕事にポジティブに向き合え、張り合いも出てくるかと思います。

　仕事におもしろさを見いだす視点は、いくつかあります。
　まずは、「仕事内容そのもの」におもしろさを見いだすことです。
　たとえば、商工分野の課で、県内企業を訪問して現場を見る機会にワクワクしていれば、そこにおもしろさを見いだせているでしょう。

　次に、「仕事を一緒にする人」におもしろさを見いだすことです。
　「仕事内容にはさほど関心を高く持てないが、職場の同僚・上司がいい人で、仕事が楽しい」ときには、職場の人・環境におもしろさを見いだしていることが多いです。人間関係がよい職場だと、安心感が生まれ、仕事をがんばれるという方も多いのではないでしょうか。

　「仕事の進め方」におもしろさを見いだすこともあるでしょう。
　「上司を自分の言葉で説得することができた」、「自分の予想どおりの反応が返ってきた」など、自分が狙ったとおりに仕事を進めることができると、そこにおもしろさを感じられるかと思います。

　また、同じ仕事でも「自分の中でゴールをどこに設定するか」で、仕事のおもしろさが変わってくることもあります。若い頃の業務によくある、「同じ作業の繰り返し」、「データ入力作業」を例に挙げてみます。
　まず、ゴールを「スピードアップ」に設定したら、時間を計ってゲーム感覚で取り組むことで、処理速度の向上につながっていくでしょう。
　次に、ゴールを「できることを増やす」に設定したら、ショートカットキーを覚えたり、反復作業を省くエクセルの関数を探して使用してみ

たりすることで、パソコンスキルの幅が広がっていきます。

　さらに、作業をするエクセルが関数やマクロで作成されていれば、その構造を読み解いてみるのも手です。1人で作れるようになることで、別の仕事にも応用がきく強い武器になります。

　このように、同じ仕事でも、何を意識するか、どのような水準を目指すかによって、そこから得られるものは異なるような気がします。

　また、突き詰めていく過程で、好きなことが見つかるかもしれませんし、皆さんの強みができることも多々あります。

　「その仕事から何を得るか」という視点も参考にしてみてください。

1
部署目

2
部署目

3
部署目

（4）やりたいことを広げてみよう

　若い頃は経験が浅く、ほかの職場にどのような仕事があるかもわからないため、やりたい仕事が明確にないこともあるかと思います。

　やりたいことが明確なら、異動のタイミングでその旨を伝えられます。そうでないならば、やりたいことを広げるために、本を読んだり、人に会ったり、外に出かけたりと、別のことに一歩踏み出してみてはどうでしょうか。

　書店でふと手に取った本から福祉に興味を持つかもしれませんし、地域のスポーツ応援に行ってスポーツ振興に興味を持つかもしれません。そこから自分のやりたいことを広げていくこともできるかと思います。

　また、今の仕事を出発点にやりたいことが広がる場合もあります。

　今の仕事にしっかり取り組み、上司に「今の仕事は十分できているか

ら、次は違う仕事を任せてみようか」と思ってもらえれば、自分のでき
る仕事がさらに広がるチャンスです。仕事の幅が広がるにつれ、自分の
視野も広がれば、新たにやりたいことが見つかるかもしれません。

　このように考えると、今の仕事がやりたいことでなくても、今の仕事
をがんばることは無駄にはならず、次につながっていくのではないかと
思います。

　仕事のモチベーションについていろいろお話ししましたが、参考にな
ればうれしいです。

5　引継書はきちんとつくろう

＃後任のためにしっかりと作成　＃引継書に書くこと
＃着任時を思い出す　＃小さな気遣いで組織を強く

（1）何のための引継書？

　1年目の皆さんも、2、3年が過ぎれば次の部署に異動となります。
　その際には後任者に今の仕事を引き継ぐことになりますが、まずは、
引継書をしっかりつくることを意識しましょう。

　異動が決まると、まずは今の仕事にめどを付けるために、年度末はど
うしてもバタバタしてしまいます。そのため、引き継ぎに時間を割けな
い気持ちも理解できます。

　実際、「やってみないとわからないから」、「困ったら電話して」と、

簡素な引き継ぎで終わらせてしまう事例はよくあるようです。それこそ、「Ａ４用紙１枚だけ渡されて、『何かあれば電話して』と言われた」という話を聞いたこともあります。

　ですが、いざ４月に電話すると、相手も新しい所属で忙しく、十分な対応をしてもらえずに、結果、自分の仕事が滞ることも起こりがちです。前任者が退職していて、電話するのも憚られた若手職員さんもいました。

　しかし、引き継ぎは、組織として仕事が回っていくために必要なものです。私たちの仕事には継続性が求められますので、引き継ぎ不足を理由に、住民の方への行政サービスに支障が生じることは許されません。

　また、複数年度にまたがるプロジェクトであれば、長い事業期間の中で、自分が担当した１年があります。次年度の事業展開を図るうえでも、次の担当者がよいスタートを切れるようにしてほしいと思います。

　ある意味、自分の代だけでなく次の代までがうまく行ってこそのプロジェクトの成功なのかもしれません。

　そうすると、忙しくても引継書はしっかりと作っておきたいですね。

（2）引継書、何を書くとよい？

　実際の引継書の作成作業はというと、新規事業を除き、前任者の引継書をベースに修正・加筆といった更新作業がメインになるかと思います。組織によっては、「どういったことを引継書に書くべきか」の項目例を示しているところもあるかもしれません。

　私の場合、引継書には次の項目を盛り込むようにしていますが、皆さんはいかがでしょうか。

①年間スケジュール

　スケジュールがあると、後任者が業務の見通しを立てやすくなるので、しっかり書いておきたいと思っています。あわせて、繁忙の様子や業務ボリュームも伝えてあげると親切です。個別の事務を説明するときにも、「〇月くらいに来るこの調査は大変だから気をつけてね」と伝えると、相手も心づもりができます。

②懸案・申し送り事項

　これは、引き継ぐ業務で問題になっている内容や、着任してすぐに対応が必要となる未処理案件などです。年度当初に、前任からの引き継ぎがされずに手続きに重大なもれが発覚し、事故につながるケースがたびたびあります。忘れずに伝えたいところです。

　また、時折、次年度だけでなく、「3年後に計画改訂が必要」といった数年後の申し送り事項もあります。
　これは、引き継いだ人がさらに次の担当者に引き継ぎ、数人を経て、数年後の担当者にやってもらうものです。どこかの代で抜け落ちないよう気をつけましょう。

③勉強用の資料

　着任当初はわからないことが多いため、勉強できる資料があれば、引継書に添付する、または引継書で紹介するようにしています。

④資料などの場所

　資料などの格納場所の引き継ぎは、意外と見落としがちです。
　伝え忘れてしまうと、後任者がいざ業務に取りかかろうとしたとき、ファイルの場所がわからず職場を探し回って、時間を無駄にしてしまい

ます。引継書に書く、または引き継ぎの際に一緒に職場内を回って場所を確認しておくといいです。

　データの保管場所や、仕事でやり取りする担当者の連絡先も同様です。前任者に問い合わせがちなので、引継書に書いてあげると丁寧です。

⑤書きにくい事柄も

　このほか、引継書には書きにくいことがあれば、口頭で伝えることもあります。

　たとえば、「この相手方との調整は、特に丁寧にしたほうがいい。昨年、こういう事案で失敗した」といった類いの内容や人間関係などの情報は、後任者も心構えができ、本当に助かります。

（3）着任時の困りごとを思い出そう

　いろいろな項目を挙げましたが、引継書には、必ずしもこれを書いてはいけないということはありません。

　大切なのは、「自分が着任したとき、どういったことで困ったか」を思い出し、後任の方が同じことで困らないようにすることかと思います。

　皆さんも着任したとき、わからないことがたくさんあって困ったかもしれませんが、引き継ぐ相手もきっと同じ思いをします。

　また、組織という視点で見れば、「毎回、皆が同じ失敗をしないようにする。昨年よりも今年はよりよい仕事ができるようにする」、そんな小さな気遣いができると、組織も強くなっていくように思います。

　異動が決まると忙しいと思いますが、相手の立場に立った引継書の作成を目指しましょう。

▶ P.35「失敗の見方を変えてみる」を読んで

「根拠のない自信」

新人の頃にはじめて大きな失敗をして以降、仕事をするのが楽になりました。根拠のない自信が砕かれ、自分のできなさを認識し、失敗しても仕方ないという気持ちに吹っ切ることができたように思います。

また、自分の代わりに上司に謝罪していただいた経験があり、申し訳なくて情けなくて泣いたことがあります。そのとき、「自分も若いときにはたくさん失敗をして、上司や先輩に助けてもらってきた」、「すまないと思わなくていいから、あなたが上司になったときに同じことを後輩にしてあげてくれないか」と言われたことが、強く心に残っています。

「ある上司の言葉」

これまでたくさんやらかしている私ですが、ある上司に「ミスしたっていい。たくさんリカバリーの方法を覚えよう」と言われたことが心の支えになっています。

それまで、「私が悪い。どうしましょう」という態度で報告していましたが、最近は、「トラブルが起きて、情報収集・初動対応に着手しています。リカバリーとして○○○○をしようと思いますが、いかがでしょうか」と前向きな報告ができるようになりました。もちろん、心の中では大パニック＆落ち込みながらですが（笑）。

お二方とも、すてきな上司に巡り合いましたね。
私も、こうした温かい言葉をかけられる上司になりたいと思いました。

▶ P.36「失敗は抱え込まない・隠さない」を読んで

「悪いことこそ、早く共有！」

失敗については、私もよく「悪いことこそ早く共有しよう。時間があればあるほど、可能な対応策も増える」と言われていました。
関連して、私は、何か危ないと感じたら「ハッ！」とか「え？」など、すぐ独り言が口に出てしまうことが多いのですが、そのまますぐに周囲と相談に入ることができ、風通しのよい職場に感謝しています。
一度自分の心に留め置くと、状況や人間関係によっては少し言い出しづらいこともあるので、疑問や不安に思った時点で何かしらのアクションを取るほうがいいのかなと感じます。

▶ P.39「今の仕事は将来につながっていく」を読んで

「若いうちは選り好みせず」

民間経験があり、公務員としては2部署目ですが、それぞれの部署で、身につけている知識や技術が活かされる場面がありました。
それを踏まえると、若いうちは選り好みせずいろいろと経験するのがよいのではと感じています。
一方、自分の興味があまり湧かない分野では、モチベーションを保つのが難しいです。自分としては、「業務の中で何かしらできることや知見を増やす」ことをモチベーションにしています。

▶ P.41「あせらず、くさらず！」を読んで

「ショックだった1部署目」

今でこそいい思い出ですが、公務員になる前に地域振興に取り組んできたのに、1部署目が地方機関の総務担当で、地域振興に携われずショックを受けました。

本庁配属だった同期が、予算や事業がどうこう話していたのにも、かなりあせっていた記憶があります。

ただ、最初の3年間、みっちり総務系の仕事をしたことで、何でもひととおりはできるようになり、しっかりした仕事の基礎ができました。今、思い返すと、くさらずやってよかったと思います。

「他人は他人、自分は自分」

1年目、同じ職場に同期と2人で配属されたとき、「同期は活発で瞬発力があるが、それに比べ、私は仕事も遅く劣っている」と、悩んでいました。

そんなとき、その同期から、「自分は周囲を振り回してしまうところがあり、『あなたといるとペースが乱れる』と言われたことがある。もし迷惑をかけていたらごめん」と言われ、お互いに何かしら悩んでいたことがわかりました。

そのときに、「他人は他人、自分は自分。比べたって仕方がない」、「自分にできることを地道にコツコツやっていこう」と思えました。

若い頃は、周囲と比較していろいろなことで悩むかもしれませんね。
活発さ・瞬発力で悩んでいたとしても、その反面、慎重さ・丁寧さといったよさがあるはずで、いろいろなタイプの人がいるほうがチームは活性化するように思います。まさに多様性ですね。

► P.41「自分なりのおもしろさを見いだしてみる」を読んで

「仕事がハードでも…」

「仕事を一緒にする人におもしろさを見いだす」には、とても共感します。以前、大きなプロジェクトのメンバーに入ったことがあり、仕事自体はかなりハードでしたが、一緒に仕事をした上司がすてきな方で、「この人と仕事ができてよかった」と思え、楽しかったです。
今は、自分もそう思ってもらえる職員でありたいと思います。

► P.43「やりたいことを広げてみよう」を読んで

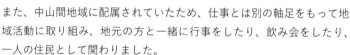

「いろいろやってみる」

１部署目は時間に余裕があったため、仕事以外にも、関連する法令を読み込んだり、できることを広げるようがんばりました。
また、中山間地域に配属されていたため、仕事とは別の軸足をもって地域活動に取り組み、地元の方と一緒に行事をしたり、飲み会をしたり、一人の住民として関わりました。
行政職員以外の方々との関わりは新鮮でしたし、集まったときに話題になった自然環境分野や鳥獣害対策に、自分も仕事として関わってみたいと考えたりと、思わずやりたいことが広がるきっかけにもなりました。

► P.47「着任時の困りごとを思い出そう」を読んで

「1年かけて引継書をつくる」

私は、引継書は年度末につくるのではなく、１年間のうち気づいたときに少しずつ書き溜めています。引き継ぎを受け、業務スタート時から引継書を更新しはじめており、３月には自然と完成していて、自分が引き継ぎたかった項目がもれなく書いてあります。
加えて、４、５月で処理が必要な内容は、別に重点事項としてまとめています。これは、４月になるとすぐに準備が必要になるからです。

「小さな引き継ぎを残す」

私は、仕事をしている中で、業務をする際に後任者が必ず見ると思われるフォルダに、備忘録や注意事項としてメモを残しています。
そうすることで、来年度にその作業をする人が、そのファイルを見返せば、前任者がどこでミスをしたかや改善点がわかり、助かるかと思っています。

普段から残せる「小さな引き継ぎ」ですね。たしかに、3月に引継書をつくる段階で昨年4月のことを思い出そうとしても、覚えていないこともあるでしょうから、気になった都度、小さく残しておくのはよい心がけだなと思います。

「デスクトップのメモ帳」

私は、仕事が変わると必ず、デスクトップに自分用のメモ帳を作成しています。
新しい職場では、覚えることが多く、一度にすべてを記憶できないため、何かあればすぐにメモ帳にベタ打ちするようにしています。
引継書をつくる際にも役立つほか、ショートカットのようなパソコンの小技やマクロの関数もメモ帳に記録して覚えたような気がしています。
定期的にメモ帳を精査してみると自分の成長も感じられ、毎職場、自分用のこのメモ帳が頼みの綱となっています。

第2章

2部署目に
異動した皆さんへ

〜仕事に追われないために心がけたいこと〜

２部署目に異動した皆さん、こんにちは。

１部署目では、メモ取り、報連相といった仕事の基礎を覚えることからスタートし、周囲の先輩も親切に教えてくれたかもしれません。

しかし、２部署目になると、ある程度、仕事の基礎はできているだろうという目で見られます。

とはいえ、まだまだ不安な気持ちもありますね。１部署目とは職場の雰囲気が異なり、最初は戸惑うことも多いでしょう。仕事の密度が上がり、忙しい時期は大変ですが、がんばりどころかもしれません。

この章では、２部署目に異動した社会人４年目〜６年目くらいの皆さんが、仕事に追われないために心がけたいことをお話ししようと思います。

1 目指すはワンランクアップの仕事の仕方

＃異動直後の過ごし方　＃こまめな相談　＃早めに仕事を覚える
＃スピード感　＃ショートカットキー　＃完成度・正確さ
＃ケアレスミス　＃バランスを大切に
＃チームで合格ラインを取る　＃自分の考えを持つ

（1）「最初の○か月」、どう過ごす？

まず、異動後数か月間の過ごし方について、２点お話しします。

１点目は、上司や周囲とこまめに「報連相」をするということです。というのも、異動したばかりは、仕事内容はこれから勉強ですし、仕

事の仕方も前の部署と同じとは限りません。上司のタイプもつかめていないことでしょう。

そのため、新しい職場のやり方に早く慣れる意味も込め、最初の頃は、上司や周囲に確認しながら仕事を進めるのがよいのではと思います。

この時期は、仕上がりが十分でなくても、上司は「まだ慣れていないしな」と大目にみてくれますし、相談に乗ってくれることが多いです。「来たばかりなので進め方だけ相談したいのですが」と切り出しても、叱られることはないでしょう。

2点目は、仕事を早めに覚える気持ちで取り組むということです。

先ほどお話しした「上司が大目に見てくれる」ことにも通じますが、最初は、失敗しても比較的許されやすく、周囲からの期待値もそれほど高くありません。

そうした時期に早く仕事を覚えることができれば、周囲から「やるな」と思われ、それが信頼につながり、以降の仕事がしやすくなります。

仕事内容をすべて頭に入れようと思うと時間がかかります。その場合、最初のうちは、「どこを探せばその情報がわかるか」という"引き出し"の場所を覚えておくだけでも違います。まずは引き出しの場所を覚え、次にその中身を学ぶイメージです。

このように新しい職場での仕事の仕方を身につける期間は、人や職場で異なります。1か月という方もいますし、私の場合はおおむね3か月を目安にしています。

ただ、環境が変わり疲れやすい時期でもありますので、無理は禁物です。

わからないことはこまめに相談しつつ、少しばかり気合いを入れて仕

事を覚える。そんなことを頭の片隅に置きながら、よいスタートダッシュ
が切れればと思います。

（2）スピード感を持って取り組もう

　さて、ここからは、具体的な仕事の仕方です。

　1部署目では、仕事の仕方の基礎を身につけましたが、2部署目では、
それを強化していくイメージです。

　具体的には、「スピードと完成度・正確さをそれぞれ向上させ、両者
のバランスを取ること。そして、自分の考えを持つこと」を意識してほ
しいと思います。それぞれ、見ていきましょう。

　最初は、仕事に取り組むスピードです。

　私たちの仕事は、限られた時間で成果を出さなければならず、また、
時には急ぎの案件が降ってきて、優先的に対応が必要な場合もあります。
そうすると、仕事のスピードは、高めておくに越したことはないと思い
ます。

　そのためにまず、日頃から速く処理することを心がけましょう。

　スピード感がある先輩たちを見ていると、特に最初の応答が早い印象
です。たとえば、簡単なメール、10分で終わる作業なら、締切ギリギリ
まで放っておかず、気づいたらすぐに作業し、相手に回答しているよう
です。抱える案件が減れば、残った仕事に集中できるでしょうし、速め
の回答は、依頼元からも喜ばれますね。

　次に、スピードを高める工夫として、「この仕事は△分で終わらせる」
と、制限時間を決めて作業するのも効果的です。私もよく実践しています。

実際には、電話などが割り込んで制限時間どおりに終わらないことも多々ありますが、「限られた時間で終わらせるんだ」と思うことが、スピードの向上につながるように思います。

　ちなみに、仕事が速いと、上司とやり取りする時間の余裕ができ、（4）でお話しする完成度・正確さも向上していきます。

　特に若いうちは、自分では気づかない視点で上司から指摘されることが多いです。まずは自分ができるところまでやってみて、早めに相談し、上司とのキャッチボールの過程で完成度を上げていくのも1つの方法です。

（3）テクニックやツールを知る

　仕事のスピードを高めるには、パソコン操作の幅を広げることも有効です。さまざまなテクニックやツールがありますが、とりわけ、ショートカットキーは気軽に覚えられ、すぐ実践もできるのでおすすめです。

　私も、急いでいるときに手早く作業できるので重宝しています。

　特に若手の頃は、反復作業も多いです。ショートカットキーを活用できれば、1回1回の短縮時間は短くても、積み重ねると大きな時間の節約になります。

　ただ、ショートカットキーの一覧表を「左上から順番にすべて覚えよう」と意気込んでも、途中で挫折してしまうかもしれません。

　そこで、自分がよくする作業に役に立つショートカットキーから覚えてみてはいかがでしょうか。「こういうショートカットキーがある」という知識より、「この作業はショートカットキーを使うと楽」という気

づきのほうが身につきやすいです。

　すべてを一度に覚える必要はありません。たとえば、卓上に一覧表を置いて、使えるものはないかと思いながら、できることをだんだんと増やしてみてください。

　また、テクニックやツールにはショートカットキーのほか、関数やマクロにプログラミング、最近ではRPA（ロボティック・プロセス・オートメーション：事務作業を自動化できるツール）の活用も1つの選択肢です。

　私もかつての部署に、簡単にマクロを組まれる方や、社会人1年目から独学でプログラミングを学んでいる方がいて、刺激になりました。

　意欲がある方は、チャレンジしてみてください。

（4）完成度・正確さを向上させよう

　スピードの次は、仕事の完成度・正確さです。

　ここでは、「完成度」は、いろいろな選択肢・可能性を洗い出し、それらを検討して結論を出す内容面、「正確さ」は、誤字・脱字やデータの更新もれなどがないようにする形式面をイメージして、言葉を使い分けています。

　まずは、「完成度」です。

　先ほど、「スピード感のある仕事を」とお話ししましたが、いくらスピード重視といっても、中身の伴わない拙速さは望ましくありません。また、わからないことを調べずに、何でも上司に相談していては成長しません。

　そこで、2部署目では自らの仕事の完成度を高めるために、スピードが最重要の案件でない限りは、自分で調べ、方針や答えの案を考えてから、上司に相談してみましょう。じっくり考えることも大切です。

次に、「正確さ」です。

仕事には、間違いが許されず、高いレベルの正確さが求められるものもあります。たとえば、2部署目の皆さんが作成することもある補助金の通知文や報道発表資料などは、一度外に出ると修正ができません。

こうした仕事では、間違いがないか、さまざまな角度から何度も見直すよう心がけましょう。

（5）ケアレスミスは些細じゃない

正確さを高めるためには、ケアレスミスを防ぐことも大切です。

もちろん、若くなくてもミスはしますが、特に若い頃は、「どういったところでミスが起こりやすいか」の勘所がわからないので、ケアレスミスが多くなりがちです。

誤字・脱字といった文書上のケアレスミスなら、決裁過程で周囲が発見してくれ、修正されていくこともあるでしょう。その点では、ケアレスミスは「絶対許されないもの」と強迫観念になるほどではありません。

ただ、ケアレスミスは、当事者にとっては些細なことかもしれませんが、残念ながら受け手にとっては目立って見えることもあります。

ケアレスミスが重なると「きちんとやっているのか？」と、せっかく考えてきた中身の部分も懐疑的に見られてしまいます。

また、ケアレスミスといっても、言葉の誤り1つで、まったく違う方向に理解されることもあり、油断できません。特に、数字には注意が必要です。言葉の使い間違いなら、無理して解釈すればなんとかなることもありますが、数字はごまかせません。

ケアレスミスは、メールでもよく起こります。

　ファイルの添付もれ程度であれば、皆さんも経験があるかと思います。ほかには、送信先をBCCで隠して送るつもりが、誤ってTOに入れて送ってしまい、大きな問題になることもありますね。

　私も、以前、メールで大きなミスをしてからは、重要なメールはよく確認してから送信するようにしています。

　ケアレスミスはできる限り少なくしたいですが、対策としては、基本的には「確認」をしっかり行うことに尽きると思います。

　そのために私が気をつけていることは次の3点です。

　まず、落ち着いて確認することです。

　平時はできていても、時間がなくあせっているとおざなりにしがちです。急いでいても、間違ってはならない場面では深呼吸して、ミスがないか、再度チェックしましょう。

　次に、第三者の立場になって確認することです。

　自分が作成した資料は、内容が頭に入っているからか、読み飛ばしがちです。そこで「その資料をはじめて見る第三者」のつもりでチェックしてみると作成時に気づかなかったミスを発見できることがあります。

　最後に、自分がケアレスミスしやすい箇所を知っておくことです。

　以前、職場の皆さんと、ケアレスミスしやすい箇所を出し合い、チェックリストを作成したことがありました。このチェックリストの作成の過程では、各々が昔の失敗談を思い出しながら気をつけているポイントを話してくれて、おもしろかったです。

【チェックリストの一例】

□ 更新すべきものは更新されているか。
□ 誤字、脱字はないか。
□ 文章の意味が通っているか。
□ 数字の桁・単位間違いはないか。
□ メールの送信先・アドレスは正しいか。
□ ファイルの添付もれはないか。

1
部署目

2
部署目

3
部署目

（6）スピードと完成度・正確さのバランスを意識しよう

　ここまで、スピードと完成度・正確さについてお話ししましたが、両者を両立させるのはなかなか難しいです。皆さんも経験があるとおり、スピードを上げればミスが生じやすくなり、逆に、完成度・正確さを追求しすぎると、スピードが落ちてしまいます。

　また、仕事の内容によって、どちらが求められるかはさまざまです。人によっても、普段の仕事の仕方としてどちらを大切にするか、考えが分かれることと思います。

　そのため、スピードと完成度・正確さのどちらかだけを高めればいいというわけではありません。若手職員の皆さんには、まずは普段の仕事で、「今はどちらを大切にすべきか」のバランスを意識してもらえればと思います。

　バランスを取るうえでは、知っておいてほしいことが2点あります。

　まず、時間と労力は有限だということです。

　完成度・正確さは高ければ高いほどよいですが、その反面、時間と労力がかかります。この点、仕事というものは不思議で、50点の成果物をつくり出すための労力と、それを80点に上げる労力、さらに100点に

する労力では、後者になるほど何倍もの労力を要します。

　そのため、案件によっては、100点ではなく及第点ギリギリを狙うことも必要です。たとえば、内部整理用の資料作成に、ミスが許されない公表資料の作成と同じ労力をかけるのは合理的ではないでしょう。

　次に、合格ラインにはチームで到達してもよいということです。
　学校のテストでは、合格ラインには1人で到達しなければなりませんが、仕事では周囲の助けを借りることができます。
　時間を決めて1人でできるところまで作業をしたら、早めに上司・周囲に相談して完成度を引き上げるほうが、1人で最後まで作業するよりも早くゴールに到達できるかもしれません。

　ただ、自分で考えるか／相談するかの線引きは、若い頃は迷います。
　自分で考えすぎて結局時間切れになり、「何でもっと早く相談しなかったんだ」と叱られ、早めに相談したらしたで、「何でもかんでもすぐ聞くな」と叱られる、そんな経験が私にもあります。
　ただ、そのような経験を踏まえても、自分で抱えきれない案件が来たら、叱られても早めに相談するのが、やはりいいのかなと思います。

　難しいこともお話ししましたが、このバランス感覚がつかめてくると、仕事もしやすくなると思います。ぜひ意識してみてください。

（7）自分の考えを持とう

　ワンランクアップの仕事の仕方の最後は、「自分の考えを持つ」ことについてです。

1部署目の頃は、上司に指示されるまま動いていた人も多いと思います。しかし、自分の担当業務は、やはり自分で考えて進めていくほうが、やりがいも感じられ、楽しいと思います。

　上司の立場からみても、担当者には案を持ち合わせて相談してもらえると心強いです。さらにいうと、仕事で一番情報が集まるのは、担当者の皆さんです。上司は、皆さんから聞いた間接的な情報をもとに判断をします。それゆえ上司も、一番多くの情報に触れている担当者がどうしたいのか、その考えを知りたいと思っています。

　何より、「自分が決断する立場だったら」と考え、上司の決断を助けてあげられれば、自分も成長しますし、上司からも信用されるようになります。見方を変えれば、「当事者意識を持つ」ということかもしれません。

　上司への伝え方としては、たとえば、状況をひととおり説明した後で「こうするのがよいと思います」と伝える方法、あるいは、自分なりに案を2、3個用意し、自分がよいと思う案で納得してもらえるように説明する方法などがありますね。

　また、わからないことを聞くときも、自分なりに考えてみたうえで「○○ではないかと思うのですが…」という言葉とともに質問してみてください。このように聞かれると、相手には「考えたうえで聞いているな」と伝わります。人によっては「せっかくだからプラスアルファも教えよう」と思ってくれることもあります。

　最初から自分の考えを持つのは難しいかもしれませんが、少しずつ意識してもらえればと思います。

2 忙しいときの仕事のコツ

#「見える化」して管理　#緊急度と重要度で優先順位を
#午前中を有効活用　#予定を入れて帰る
#時には寝かせる　#若いうちから時間を意識

(1)抱えていることは「見える化」しよう

　2部署目では、1部署目に比べて多くの仕事を抱え、忙しい時期も増えがちです。

　そこで、ここからは忙しいときの仕事の仕方について、お話しします。

　まず、自分が抱えている仕事は、一覧で「見える化」しておきましょう。

　忙しくない平時でも、複数の仕事を抱えているなら意識してほしいことですが、忙しいときにはなおさら欠かせません。

　この「見える化」は、私が1年目にお世話になった係長さんから教えていただきました。

　そのときの私は、とにかく目の前の仕事に夢中で取り組み、それが終わったら、次に目の前に出てきた仕事に取り組むといった具合に、猪突猛進的な働き方をしていました。係長さんは、そんな私を見かねて、「やらなければならないことをメモに書き出しておきなさい」と、声をかけてくださいました。

　それ以来、私は業務管理をメモに書き出していますが、そうすることで業務の全体がつかめ、頭の整理につながっています。

　反対に、頭だけで考えていると、「これもやらなきゃ」「あれもやらな

きゃ」とそれだけで思考がいっぱいになってしまい、ほかのことが考えられません。「見える化」をすると優先順位もつけやすくなるので、本当に助けられています。

　書き出し方は人それぞれですが、私の場合、図のように、「自分が取り組む案件」と「相手の回答待ちの案件」に分けています。

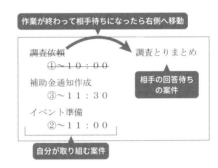

　こうしておくと、左側に自分が作業しなければならない案件が集まり、目の前の仕事のボリューム感がつかめます。また、回答待ちのものも削らず右側に一覧化しておくことで、時々、「あの案件、大丈夫かな」と進捗確認ができます。
　なお、実際に業務に取りかかる際は、「①〜10：00」と優先順位・所要時間を書いて集中して取り組み、終わったら線を引いて消していきます。

　以前の部署では、「急ぐ案件」、「通常の案件」、「時間があるときに取り組む案件」と緊急度で区分していたこともあり、そのときそのときに合ったやり方を探しています。

もちろん、私はメモに書き出していますが、形式は何でも構いません。

紙でもパソコン上でも、区分も自由ですので、自分がやりやすい方法で業務を「見える化」してみてください。

（2）優先順位をつけよう

業務を一覧で「見える化」した次は、そこから「今どの業務に注力するか」の優先順位をつけましょう。

優先順位のつけ方にはいろいろな方法がありますが、私の場合は、図のように緊急度と重要度に応じて抱える仕事を分類しています。

横軸の緊急度は「どれくらい急ぐか」です。締切から判断します。

縦軸の重要度は「どれくらい力を入れて取り組むか」、困難度と思ってもらってもよいです。たとえば私にとっては、内容を考えるのに時間がかかる、外部への調査・確認を要する、幹部とも協議が必要、自分が作業しないと相手が次に進めない仕事は重要度が高いです。

分類した仕事は、基本的には緊急度の高いものから順に処理をし、緊

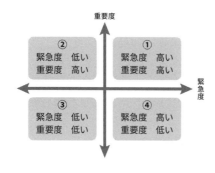

急度が同じ程度であれば重要度の高いものを優先して処理していきます。

ただし、②の仕事には注意が必要です。急ぎはしませんが時間はかかるため、早めに手をつける、外部への調査依頼だけ行っておくなどの下処理をおすすめします。皆さんも、締切だけ見て「後から取り組めばいいや」と放っておいた案件が、実はいろいろと作業が必要だった……、そんな経験はないでしょうか。

ただ、この重要度の判断は、締切から一定程度判断できる緊急度と異なり、若手職員さんには難しいかもしれません。

なぜなら、重要度の判断には「この仕事をどう進めるか」、「何に気をつけるか」といった仕事の見通しが必要で、これは経験を積み、いろいろな種類の仕事をさばきながら身につく部分も多いからです。

そこで、重要度の判断がつかず不安な場合には、どの程度、力を入れて取り組むべき案件かを上司に確認してみるのがいいと思います。

たとえば、「作業はこれからはじめますが、こういう案件が来ています」と、一言伝えるだけでも違います。上司目線では、重要度の高い案件は取り得る選択肢があるうちに対策しておきたいので、危険な案件と思えば、先に手を打つこともできるかと思います。

（3）知っておきたい時間術

このほか、私が使っている時間術は次のとおりです。

①午前中を有効活用

第1章でもお話ししましたが、私たちの勤務時間は、午前・午後が半々程度であり、午前中のボリュームが意外と大きいです。しかし、午前中、

特に朝の時間帯は、メールチェックをダラダラしてしまったり、気持ちが乗ってこなかったりしがちです。

　そんな午前中に集中できると、もっと時間を有効活用できるかもしれません。

　たとえば、前日帰る前に明日やることのリストをつくっておけば、朝からスタートダッシュを切れるようになります。朝食も、朝から頭をフル回転させるためには大切ですね。

　また、午前中に限らず、自分の集中力を踏まえた業務配分も効果的です。「自分の集中力がどれくらい持つか」、「どの時間帯が集中でき、どの時間帯に集中力が切れるか」、それを踏まえて頭を使う仕事や単純作業を割り振ってみてください。個人的には昼食を食べた午後は眠くなることもあるので、頭を使う仕事は午前中がはかどる気がします。

　眠気対策には、昼休みの仮眠やストレッチも有効です。自分の体のマネジメントも意識しましょう。

②予定があればきっぱり帰る

　以前、ある先輩から、「予定を入れることで早く帰る」ということを教えてもらいました。

　たしかに、普段は仕事が終わらないのに飲み会の日は仕事が終わることがありますね。それは、「仕事が終わったら帰る」よりも「予定があるから仕事を終わらせる」ほうが、仕事を集中して終わらせようという気持ちが働きやすいためと思われます。

　そこから考えると、予定がない日でも、「予定がある」と思って時間内に終わらせようと集中すれば、意外と早く帰ることができたりしますね。

③時には寝かせる

　仕事は、必ずしもテンポよくさばけるものばかりではありません。突破口が見つからず、行き詰まることもあるでしょう。1つのことに思い詰めすぎると精神衛生上もよくないと思います。

　そういうときは、無理に時間をかけず、少し寝かせてみるのも効果的です。一見先送りのように見えますが、心を落ち着かせたり、ほかの仕事をしたりすると、頭がリフレッシュされ、よいアイデアが出てくることがあります。

　私も、思い悩んだときにいったん就寝して、朝、シャワーを浴びていると、ふと解決策を思いつくことがありました。

　もちろん、締切まで一定期間があることが前提です。

　単に処理すればよいもの、アイデアを出さなければならないもの、仕事にはさまざまですので、緩急をつけてみてください。

④若い頃から時間を意識しよう

　最後に、若手職員の皆さんには、忙しいときだけでなく平時から、時間が有限であることを意識してほしいと思います。

　時々、夜遅くまで残っていればがんばっているように思いがちですが、大切なのは付加価値を生み出すことです。残ること自体は美徳ではありませんし、夜遅くまで働くと仕事の能率も低下し、健康にも悪いです。

　また、いずれは、子育てや介護等により時間が制約されたなかで働かなければならないときが来るかもしれません。

　時間の制約を意識しなければ、資料の体裁を整えたり、見栄えをよくしたりと、いくらでも手をかけられますが、限られた時間の中であれば、

ある程度で割り切って、早く帰らなければならないこともあります。

　今は時間に余裕があったとしても、将来に備え、若いうちから時間を意識する仕事の仕方を身につけてみてください。

3　整理整頓で効率アップ

#仕事がしやすいデスク周り　#頭も整理していく
#周囲の人が助かる　#日々の書類整理
#定期的な整理整頓・断捨離　#データも整理整頓

（1）きれいなデスクのススメ

　忙しくなってくると、机の上には書類がたまりがちです。
　そこで、ここでは整理整頓について考えてみましょう。

　若手職員さんと整理整頓について話してみると、「やらなくてはと思うけど時間がなくて……」、「散らかっていても書類の場所をしっかり把握しているので問題ない」と考えはさまざまのようです。

　私も若い頃は、散らかすように作業して、使った書類はゴチャッとファイルに綴じる仕事の仕方をしていました。そんな私ですが、整理整頓をしっかりとされる上司に出会い、考えを改めたところがあります。
　そこで私なりに、整理整頓が大切だと思った理由を考えてみました。

①自分の仕事がしやすくなる

　散らかっていると、山の中から資料をいちいち探さなければならず、時間のロスです。実際、書類・データを探す時間は、積み重ねると意外に大きいように思えます。

　また、机が散らかっているのは、周囲からだらしない印象をもたれるばかりか、個人情報が書かれた書類であれば適切な情報管理の観点からも望ましくありません。

②頭が整理される

　私の場合、周りに書類が散乱していると、落ち着いて物事を考えることができません。特に、数字や文章チェックの際には気が散るため、最低限、書類をいったんは視界から外れた場所に置くようにしています。

　また、必要な資料を残し、不要な資料を捨てることで、自分の頭の中も整理されていくように思えます。

③周囲の人が助かる

　前述の2点は、個人情報の観点以外は本人の問題です。書類が散らかっていても、仕事や頭の整理ができる人はいると思います。

　しかし、仕事はチームで行います。

　たとえば、出張中に電話で「〇〇さんの業務の資料を議員さんから求められたけれど、どこにありますか」と聞かれたら、あるいは、体調不良で1週間職場を外すことになったら、と考えてみてください。

　何がきっかけで自分以外の人が自分の仕事をすることになるかはわかりません。仕事が自分だけしかわからない・できない状態になっていることは、組織としても危険だと思います。

（2）私なりの整理整頓

とはいっても、具体的な整理整頓の方法となると、所属ごとに書類整理のルールがある場合もあれば、人によってもやり方は異なることと思います。

そのためここでは、1つの例として、私のやり方をご紹介します。

①日々の書類整理

日々の書類整理では、私はクリアファイルを使っています。

クリアファイルに案件ごとに書類を入れ、それを「自分が取り組む案件」と「相手の回答待ちの案件」に分けて置いておきます。

こうすると、クリアファイルの重なり具合で自分の作業ボリュームがつかめるようになります。先ほどの「仕事の「見える化」」と同じですね。

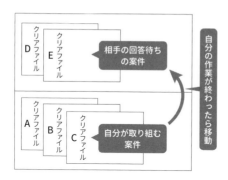

②定期的に整理整頓・断捨離を

日々の書類整理で使うクリアファイルも、そのままだとたまっていく一方です。

そこで、その案件が一段落したら、クリアファイルからパイプファイ

ルに綴じる資料を選び、保存します。綴じる際は、後で見つけやすいよう、案件ごとに「0917 報道発表」などのように日付も記載した付箋を貼っておきます。

　また、対応中は、「これも聞かれるかも」、「詳細な積算も手持ち資料として残しておこう」と思って保管していた資料も、時間が経つと概要資料1枚だけで十分な場合があります。

　そこで、一定期間を目安に断捨離・スリム化をしています。

　タイミングとしては、たとえば毎週金曜の仕事終わりです。10分でも時間を用意して整理整頓しておけば、週明けの月曜の登庁時、きれいなデスクで迎えられるので、仕事のモチベーションがあがります。

　ほかには、書類がたまりがちな議会時期には、毎議会終了後に大がかりな断捨離をしています。おおむね、3か月に1回ほどのペースです。

　ただし断捨離では、捨ててはいけない書類まで捨ててしまわないよう、気をつけてください。私の知り合いは、廃棄してはいけない決裁文書を捨ててしまい、紙ゴミの山から探し出していました。

③データも整理整頓

　パソコンを用いる方は、データの整理整頓も心がけましょう。

　パソコンには検索機能があるものの、時には、書類を探すのと同じくらいの手間がかかる場合もあります。

　まず、ファイル名はほかの人が読んで一目で内容がわかり、かつ簡潔なものにしましょう。

　たとえば、「220927 ××事業幹部協議資料 v02」というファイル名なら、「9月27日の××事業の幹部協議資料のバージョン2（最初のものから

の修正版)」となります（やや長すぎるかもしれませんね）。

　ファイル名は、忙しくて余裕がないときは適当につけがちです。皆さんも、ファイル名が同じでも中身はまったく違うファイルがある、あるいは、どれが最終版かファイル名だけでは区別できない経験はないでしょうか。

　次に、ファイルを入れるフォルダも作業しやすい工夫をしましょう。
　たとえば、「01 照会、02 検討、03 回答」といった作業順や、「220531 ●●●」といった時系列順にする方法がありますね。探しやすさがポイントのようです。

　以上、私の整理整頓でした。皆さんはどのように行っていますか。

お便り掲示板　その3

▶ P.59「ケアレスミスは些細じゃない」を読んで

「小さいミスと大きいミス」

手元に仕事を持っておきたくない性分なので、素早く会議のメモを作成していたところ、上司から「そのスピード感はよい。しかし、ケアレスミスが多いので、もう1回資料を見返して確認すると読み手のストレスもかなり減る」と言われました。
別の上司からは「細かいミスをなあなあで放置すると、大きいミスにつながるし、大きいミスがあったときに気づかなくなる」と言われたこともあります。
今は、よほど急ぎのものでなければ、少し時間を置いてから第三者的な目線でチェックするようにしています。

2人の上司の指摘に私も共感しました。特に、「細かいミスを放置すると、大きなミスにつながる」は、ヒヤリハットに通じるところもあり、普段から意識しなければと思います。

「ダブルチェックのキーフレーズ」

はじめての起案など、上司に確認をお願いしたいときには、「不安なのでご確認いただけないでしょうか」というフレーズをよく使います。これを言って悪い反応をされたことがありませんので、おすすめです。

► P.64「抱えていることは「見える化」しよう」を読んで

「私の仕事管理術」

スケジュールを可視化するために、パソコンのデスクトップに「to do」
エクセルファイルを作成し、仕事の整理をしています。
頭の使用量をなるべく減らしておくことで、「何か忘れているような」
と考え込む時間がなくなるとともに、エクセルファイルがそのまま「明
日やることリスト」にもなって、朝から動きやすくなりました。

私は、業務ごとに業務カレンダーをつくり、急な休暇にも対応できるよ
う、共有フォルダでほかの人と共有しています。
スケジュールの「見える化」は、頭が整理できるし、スケジュールどお
りに完了したときの達成感が好きです。

私の知り合いは、デスクに「重要度×緊急度」のボードをつくって、そ
の上にやることの付箋を貼ってタスク管理をしています。

皆さん、いろいろな方法で仕事管理をされていますね。
仕事の見える化は、業務の進捗・優先度を決めるのに役立つだけでなく、頭の
整理にもつながっていくと思います。いろいろな管理の方法があってよいと思
いますので、自分がやりやすいように取り組んでみてください。

▶ P.66「優先順位をつけよう」を読んで

「社会人の最初の目標」

以前在籍していた民間企業では、働き方改革やワーク・ライフ・バランスを重視していたこともあり、「人件費が何よりのコスト」、「勤務時間内でいかに効率よく仕事をするか」という意識が強い職場でした。
それもあって、私の社会人最初の目標は、「優先順位をつけられるようになる」ことでしたが、その目標を今も大切にしており、まずは優先順位をつけられる程度に仕事内容を理解したいと思っています。

「大事な案件ほど後回し」

自分は、大事な案件ほど後回しにしてしまう癖があります。
締切が先の仕事は、そのぶん難しく面倒なものも多いように思います。
「まだ大丈夫だろう」と後回しにし続け、いざ取りかかるととても終わらず、「もっと早く取り組んでおけば……」と毎回反省しています。
今は、締切がまだ先でも、依頼があった時点でいったんは中身を読んでみるという心がけをしています。

▶ P.67「知っておきたい時間術」を読んで

「残業中の過ごし方」

若いうちから時間を意識して働くことは大切だと思います。
時々、「遅くまで仕事をするのが偉い」風潮があるからか、急ぎではない案件でも終業後に話しかけてくる人がいます。
一方、私から見て仕事がデキる先輩は、残業中もダラダラと雑談せず、集中して早く終わらせており、尊敬しています。

▶ P.70「きれいなデスクのススメ」を読んで

「帰るときには滑走路」

前職では、整理整頓が下手で、デスクの上もいつも資料が山積みでした。
そのときの上司は、「帰るときには滑走路」という言葉で、「帰るときには滑走路のように机の上を片付けて帰りなさい」と話されていました。
その後、公務員になって整理整頓の大切さを身にしみて感じています。
朝出勤して、机の上が片付いていると仕事もスムーズにはじめられます。
机の上は、業務の忙しさと自分のメンタルのバロメーターと捉えていきたいと思います。

「帰るときには滑走路」という言葉は、短くてすっと頭に入りますね。
私も忙しさで気が回らないときは机の上に書類がたまるので、たしかに、机の上はメンタルのバロメーターなのかもしれません。

「緊急時にも動けるように」

書類整理は、ほかの人が見てわかることが大切だと思います。
以前、緊急対応が生じうる部署にいたとき、机の引き出しの1つに印をつけて、その引き出しは誰が開けてもいいことになっていました。
今動いている事案の資料をその引き出しに入れておくことで、自分が不在のときに緊急事態が起きても、別の担当者が迅速に初動対応に取り組めていました。

こうした組織単位での取り組みは、リスク管理としても参考になります。
書類や作業中のデータの場所が、職場で自分しかわからないというのもありがちですが、緊急事態を考えると怖いような気もしますね。「資料やフォルダは他者と共有するもの」という意識を持つことが大切に感じました。

4 心の健康はよい仕事の土台

#いつもと違う自分に気づく　#しっかり休む・よく寝る
#運動する・しっかり食べる　#自分なりのストレス解消法
#周りに頼る　#仕事以外の居場所　#ストレスの捉え方
#合わない上司　#加害者にならない

(1)いつもと違う自分に気づく

　仕事でパフォーマンスを発揮するには健康第一ですが、仕事をしていれば、多かれ少なかれストレスを感じることがあります。

　適度なストレスであれば、緊張感をもって仕事に取り組むことにつながるかもしれませんが、強いストレスを感じると、身体面や行動面、心理面での変化が現れます。

　たとえば、
・身体面では、頭痛、肩こり、目の疲れ、食欲低下、不眠など
・行動面では、仕事でのミス、飲酒・喫煙の増加など
・心理面では、活気の低下、イライラ、不安、興味・関心の低下など
　といったことが挙げられます。

　ストレスに対処していく一歩目は、このような変化から「自分がストレスを抱えていること」に気づくことではないかなと思います。

　ただ、ストレスでどういった変化が現れるかは、人によって異なります。そこで、ストレスに気づく視点として、「いつもと違う自分」に気づくということを意識してみてください。

　たとえば、いつも食欲がないのなら、食欲がないことは「いつもと違う」

ことではありません。しかし、いつもは食欲旺盛なのに食欲がないと感じるのであれば、それは「いつもと違う」ことであり、ストレスに気づくきっかけとなります。

　ちなみに私は、一定以上のストレスがかかると口内炎ができます。
　その場合、休息をしっかり取ったり、栄養面に気をつかったり、ストレス原因との関わりを見直したりと、自分のケアをするようにしています。

　ストレスに対処するにも、ストレスを認識できなければ対処できません。まずは自分を知ることからはじめてみてはいかがでしょうか。

（2）ストレスと上手に付き合うために

　次に、ストレスと上手に付き合うために、私が心がけていることをお話しします。

①しっかり休んで、よく寝よう

　休めていない、睡眠が取れていないと、頭がしっかり働かず、思考がネガティブになりがちです。加えて、忙しいときの睡眠不足は、日中の集中力が大幅に落ち、仕事にも支障が出てきます。
　そのため、ストレスを感じたら、しっかり休んで、睡眠を取りましょう。

　また、週末はいったんは仕事を忘れ、自分の好きなことに時間を充ててリフレッシュしたいところです。月曜からまたがんばるためにも、オンオフを適切に使い分け、ストレスを翌週に持ち越さないようにしましょう。

②運動と食事も大切

ストレス解消のために、体を動かしている人も多いと思います。

適度な運動は、心地よい睡眠にもつながるため、自分に合った運動を無理なく楽しみながら行ってもらえればと思います。

食事は、第1章でもお話ししたように、心身の健康を維持するため、栄養のある食生活を心がけましょう。おいしいものを食べると気晴らしにもなりますので、ストレス解消という観点からもおすすめです。

③ためこまないで自分なりのストレス解消法を

ストレスの感じ方や解消法は人それぞれです。「これをやれば絶対大丈夫！」というものはありませんが、「自分に合ったストレス解消法」を探すのがいいように思います。ちなみに、私にとってのささやかなストレス解消法は、帰り道のコンビニスイーツだったりします。

また、個人的には「ストレスをためこまずに発散する」ことも大切だと思います。ストレスはたまればたまるほど、自分を追い詰め、悪い方向に向かわせます。早めの対処を心がけたいですね。

④周りに頼ることを遠慮しないで

ここまでは、自分自身が取り組むストレスとの付き合い方でした。

一方、自分1人で立ち向かおうとせず、周りに助けを求めることも大切だと思います。助けを求めることで、自分にはなかった考え方・方法を教えてもらい、問題解決につながることもよくありますね。

とはいえ、若手職員の皆さんは、周囲が忙しいと助けを求めることに躊躇するかもしれません。

しかし、ピンチを知らせることは決して悪いことではありません。

自分の限界を知り、頼れることは、1つのスキルだと思いますので、頭の片隅に入れてもらえるとうれしいです。

また反対に、つらそうな同僚がいれば、声をかけてあげてください。

周囲がいつもと違う様子に気づいても、本人が気づいていない場合があります。声をかけることで「気にかけている」というメッセージを伝えたり、話を聞いてあげたりすると、本人にとっても気持ちが楽になると思います。

⑤仕事以外の居場所をつくろう

話は変わりますが、島根に来てから、知り合いの方にすすめられ茶道を始めました。

奥深い茶道の世界に踏み込み、楽しくお稽古していますが、同時に仕事以外の居場所のよさも感じています。たわいもないお喋りであったり、仕事とは関係ない人間関係であったり、「このままの自分でよい」という感覚が、気持ちを楽にさせているのかもしれません。

これまでは、仕事がつらいときは抱え込みがちでしたが、今は、仕事が大変でも、週末のこのような場が自分のメンタルバランスを保っているのかなと思います。

もちろん、皆さんに習い事をすすめているわけではありません。気兼ねなく話せる家族や友人も、心休める大切な居場所でしょう。

若手職員の皆さんには、「仕事だけではない」と思える場所や仲間を大切にしてもらえればと思います。

（3）ストレス、こう捉えてみては？

　ストレスは、その原因を取り除いたり、先ほどお話ししたやり方で解消したりすることもありますが、捉え方を変えることで、いくぶんか軽くすることもできるのではと思います。

　そこで、私がよく使うストレスの捉え方をお話しします。

①へこんだ自分を受け入れる（許してあげる）

　自分にストレスがかかったとき、「へこたれちゃいけない」と思うと、自分を締めつけるような気がするので、「本当につらいときは、へこんでも仕方ない」と自分を許すことにしています。

②自分でコントロールできることと、そうでないことを分ける

　これは、東京にいたときに先輩から教えてもらった言葉です。

　ストレスの原因を、「自分でコントロールできること」、「自分ではどうしようもないこと」に分けたとき、後者は、努力しても変わることはありませんし、それで気を揉んでも心を消耗するだけでしょう。

　このように、自分のせいだと背負いすぎないよう、ある種の諦めをはじめからつくっておくことは、気の持ちようを楽にすることにつながる気がします。

③気楽に考える

　以前、難しい調整業務に疲弊していた私に、当時の上司はどっしりと構えて、「終わりはある。何とかなるから」と声をかけてくれました。その上司の言葉は、悲観的だった私の気持ちをとても楽にしてくれました。

また、幹部の了解が得られそうにない難しい幹部協議に上司と向かっていく際、上司が「これくらいで怒られに行ってみるか」と言ってくれたのも、ありがたく感じました。

　このように、「何とかなる」、「そんなに大したことではない」と思えると、自分の気持ちが楽になりますね。

　私も、こうした経験から、管理職になってからは部下が思い詰めていそうなときほど、同じような言葉をかけて、（実は内心は大丈夫ではなくても）涼しい顔をしていたいと思っています。
　上司が切羽詰まっていると部下も切羽詰まってしまうので、余裕は大事だなと自戒しながら感じています。

（4）上司と合わないときの対策

　ストレスは、仕事の量や仕事の質のほか、人間関係が原因になることも多々あります。
　私自身も、人間関係が良好な職場であれば、多少仕事がハードでもがんばれますが、人間関係が悪いと、仕事が穏やかでも職場に行くのが億劫になることがあります。

　特に、常日頃から顔を合わせる上司にストレスを感じる人もいるでしょう。私も、これまでさまざまな上司と一緒に仕事をしましたが、ロールモデルにしたいすてきな上司もいましたし、一方、尊敬できない上司も正直いました。
　そこで、自分と合わない上司がいたときにどうしているか、私個人の考えをお話しします。

①上司に期待しない

　当然ですが、完璧な人間なんていません。皆、どこかしらに弱点があります。皆さんも、自身のことを完璧とは思っていないでしょう。

　そして、上司も皆さんと同じ人間です。年上で自分以上の経験を積んでいたとしても、弱点はあります。

　そのため、私の場合、合わない上司には、「なんでこの上司はこうなんだ」と憤慨するのではなく、「まあ人間だし、そんなものだな」と上司に期待するのをやめることにしています。言い方を換えれば、「自分の中でつくりあげた上司像」に合わない「現実の上司」に腹を立てず、そこまで自分の理想を求めないことかと思っています。

②よいところを見つけようとしてみる

　これは、以前、先輩に教えてもらった言葉です。

　上司に限らず、苦手な人がいたとき、苦手と思ってばかりいると、その気持ちが空気感で相手に伝わることがあります。

　逆に、相手のよいところを見つけようとすると、探す過程で、相手へのネガティブな感情が次第に薄まってくることがあります。

　苦手な相手であれば「対峙する関係」になりがちなところ、それを「隣に座る関係」として接してみるイメージと捉えています。

③反面教師にする

　私は、上司の気になるところは、「自分がいずれ上司になったときには絶対しない」と、反面教師にして心に刻むことにしています。

　こうすることで、上司への負のエネルギーを、自分の将来へのポジティブなエネルギーに転換しています。

④適度な距離感を保つ

　若い頃は、苦手な上司だとしても「がんばって付き合わないと」と思っていました。けれど、それで自分の心身を崩してしまってはいい仕事ができないと思い直し、今は、「苦手な上司とは適度な距離感を保つ」ことも必要だと感じています。

　また、公務員であれば、自分か相手のどちらかはそのうち異動します。「この１年だけ」と職場限りの関係として割り切るのも、１つの考え方かもしれませんね。

（5）加害者にならないように

　最後に、皆さん自身がストレスの加害者にならないようにしましょう。
　職場というのは、育ってきた環境が異なり、さまざまな性格の人間同士が関わりながら、一緒に作業をする空間です。その意味では、職場でストレスがまったくないということは、現実には難しいかもしれません。

　一方、暴言や高圧的・威圧的な態度、人格否定といった行為は、受け手の誰もが不快に感じるものです。
　職場内だけでなく、職場外でも同様です。各種手続きの案内を担当しているヘルプデスクの職員さんに、電話越しで顔が見えないからか、厳しい言葉遣いになる人もいるようです。人によって態度を変え、露骨に厳しく・冷たくなる人もたまにみかけます。
　こうしたパワー・ハラスメントは決して許されるものではありません。若手職員の皆さんは、将来も含め、自身が加害者にならないよう気をつけてください。

5 周囲も見て働こう

#チームで仕事をする意識を　#職場を眺める
#声をかけ合う　#頼まれごとに付加価値を

（1）職場を眺めてみる

　1年目は自分のことで精一杯だったかと思いますが、年数が経つと、次第に周りも見えてきます。

　そこで、2部署目の皆さんには、チームで仕事をする意識も持ってほしいと思います。

　そのために、まずは自分の作業だけに集中するのではなく、職場を眺めてみましょう。「今、職場で何が起こっているのか」、「周りの人たちは何をしているのか」、「何を考えているのか、どういう感情なのか」周囲を観察してみてください。

　そうすると、職場がどういった状態にあるかが見えてきます。

　たとえば、「幹部協議前で上司が慌ただしくしているな」、「仕事が立て込んで隣の係の先輩がつらそうだ」、「幹部から厳しいことを言われ、職場全体が重い空気だな」。観察だけでなく、雑談などにもヒントが転がっています。

　こうしたことがつかめると、後述するチームへの貢献のほか、「上司がバタバタしてそうだから、自分の協議は明日にしよう」、「今この案件をあげれば通りそうだな。急ピッチで仕上げるか」など、自分の仕事のタイミングを計ることにも役立ちます。

また、自分の所属が今どんな政策課題を抱えているか、今ホットな案件は何かを知っておくのは、今後の勉強のためにもよいことですね。

（2）チームにできる貢献をしよう

①声をかけ合おう

次に、職場の状態が見えてきて大変そうな人がいたら、「何かできることはありますか」と声をかけてみてください。

実際に手伝えることがなくても、声をかけてもらったほうは皆さんを覚えています。逆に、皆さんが困ったときに助けてくれるかもしれません。
私も、自分の手が空いていた時期に手伝った相手が、今度は自分が忙しいときに声をかけてくれた経験があり、とてもうれしく思いました。

また、個人的には、チームの一人ひとりが自分の役割を果たそうとしつつも、自分のことだけでなく、お互いを気遣うことを大切にしたいと思っています。その結果として、自然と声が出ていい雰囲気で仕事ができる、そんな爽やかなチームを目指したいです。

②頼まれごとにはちょっとした付加価値を

最後はやや応用編ですが、「手伝いますよ」と声をかけ、頼まれごとをされたときには、何らかの付加価値をつけて返せるといいですね。

たとえば、コピーを頼まれたとき。相手に渡す前に、ざっとで構わないので、資料に目を通して、形式チェックをしてみてください。急ぐようであれば、自分用に1部多めにコピーし、後から確認してもいいです。

誤字・脱字、違和感のある表現はないか、時点更新すべき点はないか、内容に詳しくなくても、第三者目線で資料を確認し、気になった点は作成者に伝えましょう。

　作業中の当事者はバタバタしており、気づきにくいミスもあります。「この部分、間違っていませんか」と伝えられれば、相手も助かります。

　ほかにも、何か聞かれたときに、「わからない」とだけ答えるのではなく、「ここに聞けばわかるのでは？」と案内してあげることも、自分なりの付加価値ですね。

　頼んだ相手の次の作業を想像するのがコツだと思います。参考にしてみてください。

お便り掲示板　その４

▶ P.79「いつもと違う自分に気づく」を読んで

「私のストレスサイン」

ストレスサインについては、私の周囲では、本を開いても文字を目で追えなくなる、ニュースが気に障って見られなくなる方がいます。
私も、何事もつまらなく感じたり、いつもしている行動ができなくなったりするので、自分のストレスサインとして気をつけています。

私の場合、眠れなくなる、食欲がなくなる、もともとひどい鼻炎がさらに悪化する、もともと多い酒量がさらに増えるのがよくない兆候です。こりゃまずいと思ったら、長めのお風呂に入ったり、よく寝たりするように心がけますが、なかなか難しいですね。そうなる前に、こまめに発散することがポイントだと感じます。

▶ P.80「ストレスと上手に付き合うために」を読んで

「ストレス対処法の棚卸し」

ストレスをためこまない点では、職場でたわいのない雑談をしたり、愚痴を聞いてもらったりしたことにも、ずいぶん助けられたと思っています。
また、その時々で楽しく打ち込めるものがあるとポジティブになれる気がします。以前、自分自身のストレス対処法を棚卸しすることがありましたが、改めて自分自身がどうストレスに対処するかを振り返るきっかけになりました。
「些細なことでも、こんなことをするのが好き」と考えるだけでも、前向きになれる気がしましたし、思ったより楽しく感じられることはあるのだなと思ったところです。

「転勤時には注意」

以前、職場でメンタルヘルスを崩したことがありました。
そのときに、仕事のストレスが解消できていたか考えたところ、以前は行っていた趣味が、転勤でできていなかったことに思い至りました。
当時は、その趣味がストレス解消になるとは思っていませんでしたが、
・実は、ストレス解消を自分が気づかないうちにしているかもしれない
・転勤時には仕事も変わるが、ストレス解消法もなくなる可能性があり要注意
ということを感じました。

おっしゃるように、転勤時は仕事環境も生活環境も変わりますので、ストレスがたまりやすいかもしれません。ストレス解消に加え、異動直後はしっかり休むことも大切に思います。

「頼れることはスキル」

仕事でいっぱいいっぱいになっていた3年目のとき、周囲にも伝わり「何か手伝えることはない?」とたびたび声をかけてくださった方もいましたが、当時は何をお願いできるか考える余裕もありませんでした。
その後、異動して「お願い上手」な先輩のそばで仕事をする機会があり、「こんな仕事の進め方もあるんだ」と目から鱗でした。
普段からおもしろいことを言って、場を和ませたり盛り上げたりする方で、お願いも、それぞれの得意分野にあわせて上手に振ってました。
自分の経験からも先輩の姿からも、「周囲に頼れることは1つのスキル」は、まさにそのとおりだと感じます。

「仕事以外の居場所」

仕事をしていると同業者との付き合いが多くなりがちですが、それ以外の居場所があると全然違います。
私の場合は、地元の幼馴染や同級生との飲み会があると、なんだか救われた気持ちになります。

私も、学生時代の友人に久しぶりに会うとほっこりします。
仕事以外の居場所も大切にしたいですね。

▶ P.83「ストレス、こう捉えてみては？」を読んで

「注意の矛先」

私は仕事で失敗をした際に深く落ち込む性格で、それを上司に相談したところ、「注意されたときに、①自分の性格が責められているのではなく、②あくまで自分がした仕事に注意されていると、切り離して考えてはどうか」と言われたことがあり、なるほどと納得しました。

▶ P.87「職場を眺めてみる」を読んで

「周りが見えている先輩」

守備範囲意識があまりない先輩がいて尊敬しています。自分の仕事をしつつ、周りをよく見て動いていて、真似できたらなと思います。
考えてみると、周りが見えている人とそうでない人は、仕事の仕上がりから信頼といった面に至るまで、相当差があるように感じます。
また、議会など、若手が直接担当しない業務についても、上司の話に聞き耳を立てると、「今、どのような案件があるか」、「どういった対応に向けて動いているのか」をある程度把握できます。
そうしておけば、関連の作業依頼があっても、ピントがずれることが少ないと思います。

「「すみません」でなく「ありがとう」」

私は、誰かに何かをしてもらったとき、ついつい「すみませんでした」と言ってしまいがちなところを、できるだけ「ありがとうございます」と言うように心がけています。

心に余裕がないときはそういったことも考えられませんが、こうしたポジティブな声かけが、嫌らしくなく自然にできると、組織としても強くなれるのではないかと思います。

「ちょこっといいことを」

「頼まれごとに付加価値を」は、簡単にいえば「気がきく」ということかと思います。

仕事に限らず、相手を思いやり、何かちょこっと足すだけで、相手はうれしいし、また、今度は相手が同じようにちょこっといいことをしてくれるなど、よい流れができると思います。

おっしゃるとおり、相手の次の作業を想像して、プラスアルファの気遣い・心遣いをすることで、相手もうれしく感じます。それがお互い様の関係の中で循環していけば、職場全体でよい仕事ができる土台につながるようにも思えますね。

第3章

3部署目に
異動した皆さんへ

〜自分から仕事を回せるようになろう〜

３部署目に異動した皆さん、こんにちは。

これまでは、上司の指示のもと動いていた方も多いかもしれませんが、３部署目以降は、だんだんと自分で仕事を組み立てられるようになりたいですね。年次的にはプロジェクトの主担当として活躍が期待されるときもあるでしょう。

また、仕事内容も、前例のない案件が増え、議会や記者対応などさまざまな面で難易度が上がってきます。プレイヤーとして脂がのっている時期でもあり、大変なぶん、仕事の達成感は大きいかもしれません。

そこで、この章では、３部署目、社会人７年目〜９年目くらいの皆さんに向けて、①まず、仕事の段取りを自分で組む、②組んだ段取りの中で、利害の対立する仕事相手との調整を行う、③調整した結果をもとに、わかりやすい資料をつくる、④つくった資料を上司に説明し、理解を得る、のように１つの仕事の流れを意識した構成としました。

内容によっては応用編もありますが、参考にしてみてください。

STEP 1　仕事の舵取りは自分がする

＃段取りで勝負は決まる　＃ゴールから逆算
＃スケジュールをつくる　＃相手の時間も大切にしたスケジュール

（1）段取りを組む段階で勝負は決まる

まずは仕事の段取りです。

ここでは段取りを「仕事の設計図」、つまり「１つの仕事を完成させるために、どのような順序でどういった作業をするか見通しを持つ」こ

とと捉えます。

　よく「仕事では段取りが大切」といいますが、私も強く共感します。
　なぜなら、きちんと段取りが組めていれば、ゴールに向けどういった
道のりを進むかの全体像が見えているからです。逆に、見通しなく闇雲
に進むようだと、無駄が多くなりますし、仕事をしている本人も不安です。

　私が段取りの重要性を感じたのは、島根で管理職をしたときです。
　ある日、幹部から、「突然だが、こんな新規事業を行ってほしい」、「急
いでいて、できるだけ早くスタートさせたい」と話がありました。その
事業はこれまでにやったことのないタイプのもので、私と部下は不安と
あせりを感じました。
　そこで、私たちはまず、「事業のスタートまでに何をすべきか。また、
最低限どんな資料をつくる必要があるか」のリスト化に取りかかりまし
た。「あの団体とこういう調整が必要だね」、「議会にも説明しなければ
ならない、どのタイミングでしようか」、「資料はいろいろつくると大変
だから、使い回しができるようにしよう」。こんなことを話しながらリ
ストを作成し、段取りを組んでいきました。
　その後、段取りに沿って作業をしましたが、「目の前のことに取り組
めば着実にゴールに進んでいく」と実感できたので、不思議と心持ちは
楽でしたし、結果、幹部が求めるスピードで事業を開始できました。

　今思うと、こうして限られた時間で手戻りなくゴールに到達できたの
は、最初にしっかりと段取りを組んだことが功を奏したからと感じてい
ます。ある意味、段取りで大方の勝負は決まるのかもしれませんね。

（2）自分で仕事の段取りを組もう

では、実際に自分で段取りを組んでみましょう。

　毎年開催しているイベントなど前例があれば、段取りを組むのは比較的簡単かと思います。
　過去のファイルをたどれば、いつ頃にどういった作業を行えばいいかがわかります。同じイベントがなくても類似事例があれば、それを参考にできますね。また、引き継ぎで「昨年度はこのスケジュールでかなり厳しかった」とあれば、その反省も活かした段取りとしましょう。
　一方、新しいことをするときは、補助線となる前例がありません。
　こうした場合には、次の手順で段取りを組んでみてはいかがでしょうか。

①ゴール・仕上がりをイメージする

　まず、仕事のゴール・仕上がりをイメージします。
　たとえば、講師を招いた講演会であれば、「参加者が会場に入り、資料が参加者に配られ、講師が話をすること」がゴールになります。

②必要な作業を逆算し、洗い出す

　次に、そのゴールに向かうために必要な作業を洗い出します。
　先ほどの例では、この講演会を実現するには何が必要かを逆算し、講演テーマ決定、講師の選定・依頼、会場の確保、参加者への案内、資料の依頼・印刷、アンケートの作成などを次々と書き出していきます。

③洗い出した作業に、順序・締切をつける

　そして、洗い出した作業に順序・締切をつけていきます。

これは、「講師と会場が押さえられていなければ開催はできない」、「そうであれば、まずは会場を見つつ早めに講師を選定しよう」、「アンケート作成は、直前の資料印刷までに間に合えばよい」など、作業同士の関係を見ていくイメージです。

　最後に、それらの作業をつなげば、段取りができあがります。

（3）スケジュールは相手の時間も大切に

　段取り・スケジュールを組むときには、相手の時間も大切にできるよう心がけてみてください。

　先ほどの講演会であれば、講師が内容を考える時間はしっかり確保したいですし、参加者への案内も予定調整を考慮して早めに周知したいですね。

　また、スケジュールを組む段階はもちろん、実行段階でも相手の時間は意識しましょう。

　たとえば、相手に突然、「今日中に意見を出してほしい」と依頼しても、時間がなければ十分な検討ができないかもしれません。その場合、一時的に回答があっても、その後、差し替えになることもあります。

　もちろん、不測の事態でスケジュールが変更となり、タイトなお願いをすることもあります。その際には、「急ぎのお願いで、○日までにこういったことをしていただきたいのですが、どれくらいの期間で作業できそうですか」と、相手の感触も聞きながら、スケジュールを相談しましょう。

　なお、こうした不測の事態に備えて、スケジュールを組む段階では一

定の余裕を持たせておく方法もありますね。

　見えている仕事はしっかりコントロールして、自分の時間も相手の時間も大切にしましょう。

STEP2　改めて考えるコミュニケーション

＃相手の立場に立つ想像力　＃信頼関係をつくる
＃場面に応じた手段の使い分け　＃上司の特性をつかむ　＃共振
＃合わない上司はほどほどに　＃仕事相手には丁寧な対応を
＃落としどころを見つける　＃後輩から相談しやすい先輩を目指す
＃できなくても許す　＃気負わない、無理をしない

（1）想像力から信頼へ

　コミュニケーションは1年目から日常的に行っていますが、3部署目になると外部との調整業務も増え、その重要性が改めて認識されます。

　そこで、コミュニケーションについて立ち止まって考えてみましょう。

①相手の立場に立つ想像力を持とう

　コミュニケーションをキャッチボールに例えると、自分がボールを投げるだけでなく、そのボールを相手が受け取り、自分に投げ返してくれてはじめて、キャッチボールは成立します。

　同じように、私たちはしばしば「自分が何を伝えるか」を中心に考えがちですが、一方で、「自分が伝えたことを相手がどう受け止めるか」を考えることも、コミュニケーションでは大切なように思います。

実際、仕事は、異なる立場の人たちが関わりながら進んでいきます。

その際に自分の主張・思いだけを押し通そうとするのか、あるいは、

・「自分はこう思うが、相手の立場ではどう考えるだろうか」

・「こういう言い方をしたら、相手はどう思うだろうか」

・「そうであれば、こういう説明のほうがいいだろうか」

・「自分がこの説明をした場合、相手は上司を説得できるだろうか」

と、もう一歩進んで考えるかでは、相手への伝え方も変わってきます。

こうして相手の立場を考えることは、想像力といえるかもしれません。

もちろん、相手の立場を考えるといっても、相手におもねり、自分の意見を出さないことばかりがいいとは思いませんし、主張すべきことは主張すべきです。

しかし、主張するにしても、相手の立場を想像することで、相手が受け入れやすい伝え方ができ、結果、仕事が円滑に進むのではないかと思います。

②よいコミュニケーションから信頼関係を築こう

相手とコミュニケーションがしっかり取れていると、お互い信頼関係をもって、よい仕事ができるかと思います。さらに、相手から信頼され、「また一緒に仕事がしたい」と思ってもらえれば、それは、皆さんの人脈として、貴重な財産になります。

一方で、信頼関係は、相手の期待に沿えなくなると崩れやすくなります。そのため、こうした場合の対応には特に丁寧さが必要です。

たとえば、相手の期待に沿えないとき、

・億劫がってなかなか回答せず、時間が経ってから、気まずさからメールで「難しい」と回答するか、

・依頼があってから、できるだけ早く相手のところに足を運んで、丁寧に説明するかでは、相手の受け止めもだいぶ違います。

　後者であれば、相手も「結果は難しかったかもしれないが、自分のためにこれだけ動いてくれた」と思ってくれるかもしれません。

　そう考えると、回答が変わらなくても、相手とのコミュニケーション次第で、結果だけでなく築ける信頼関係も変わっていくように思えます。

　特に、難しい局面・交渉を乗り越えるには、なおさら相手との信頼関係が求められ、丁寧なコミュニケーションが必要かもしれませんね。

(2)TPOで手段を使い分けよう

　次に、コミュニケーションの手段です。

　仕事でのコミュニケーション手段には、主に、①対面、②電話、③メールの３つがありますが、まずはそれぞれの特徴を見てみましょう。

①対面

　顔を突き合わせる対面の特徴は、お互いの表情や態度といった雰囲気がわかることかと思います。

　私たちは普段、言葉だけでなく、表情や態度も含めて感情を表現しています。同じ「わかりました」という言葉でも、進んで了解しているのか、嫌々了解しているのかによって、発する雰囲気は異なります。

　メールではこうした情報は切り捨てられますが、対面なら、相手の雰囲気も踏まえながら、コミュニケーションが取れます。

　一方、対面でのコミュニケーションには、同じ時間・空間を共有する必要があるので、離れていれば、移動時間などのロスが発生しますね。

②電話

　電話は、同じ空間を共有していない遠方にいる人とも、簡単にやり取りをすることができます。また、対面ほどは相手の雰囲気はわかりませんが、電話の場合は、声色である程度推し量ることができます。

　一方、電話は音声だけで相手に情報を伝えますので、情報過多の場合、相手が理解できなくなることが起こり得ます。

　電話越しに早口でまくし立てても、相手に理解してもらえなければ意味がありません。相手がメモを取りながら聞くことも多いですから、普段早口の方は、スピードに気をつけたほうがよいかもしれません。

③メール

　メールは、対面・電話に比べて効率的なコミュニケーションの手段かと思います。その特徴としては、
・相手と同じ時間・空間を共有しなくてもいい（見たいときに見られる）
・多数の人に同じ内容を素早く伝達できる
・伝えたいことを文字で残せるなどが挙げられます。

　一方、先ほどもお話したとおり、メールでは、表情や態度といった情報は切り捨てられるため、注意が必要です。

　相手の顔が見えず、パソコンに向けて自分の考えを表現するため、感情に正直になって、「対面だったら言わないような直接的なこと」まで言いやすくなる傾向があります。皆さんも、キツい表現になったメールを受け取った経験はないでしょうか。

④そのほかの手段

　近年ではオンライン会議も増えており、遠くの人とも顔を見ながら打

ち合わせができ、便利に感じます。

　また、メールよりも気軽なツールとしてチャットも使われますね。

⑤場面に応じた使い分け

　コミュニケーション手段にはこうした特徴がありますが、大切なのは、場面に応じて適切な手段を使い分けることかと思います。

　たとえば、難しい調整や相手へのお願いごとであれば、メールや電話よりも直接話すほうが、相手の雰囲気を見ながら話ができ、合意を得やすい印象があります。

　私も、メールや電話では揉めていた案件が、当事者同士で直接会って話すとすぐ解決した経験がよくあります。同様に、相手への謝罪も、メールよりは足を運んだほうが誠意が伝わりますね。

　また、緊急の案件の場合、メールで送りっぱなしにしても、相手が気づかなければ作業してもらえません。そうすると、メールしたうえで電話するといった重ね技も有効でしょう。

　私の場合、メールを送ってから電話をし、文面を見てもらいながら細かなニュアンスや背景を伝えつつ、質問に答えることもあります。

　こうした使い分けは、経験の中で学ぶものと思いますが、個人的に「仕事がデキる」と思う先輩を見ていると、この使い分けが上手で、手早く関係者の合意を取ってこられる方が多く、私も勉強になっています。

　皆さんも、普段の仕事の中で、場面に応じたコミュニケーションを意識してみてください。

（3）上司との関係を考える

　私たちは、日々、仕事でさまざまな相手とコミュニケーションをしていますが、その中でも上司とのやり取りは多くの割合を占めています。

　さらに、上司は皆さんの仕事の決裁者でもありますので、方針を諮る意味でも上司とのコミュニケーションは大切でしょう。

　そこで、上司とのコミュニケーションにおいて、私が感じていることをお話しします。

①上司の特性をつかもう

　一口に上司といってもさまざまなタイプがいます。まずは、自分の上司の特性をつかみましょう。

　たとえば、部下に求める検討の熟度では、「生煮えでもいいから、早めに相談してほしい」人もいれば、「部下がある程度検討した方針案で相談してほしい」人もいます。仕事内容で好き嫌いもありますし、協議のタイミングとして「この時間帯は１人の作業に充てたいので、部下との協議は消極的」な人もいます。

　こうした上司の特性をつかめれば、上司の了解を得やすい協議ができたり、上司が注意している案件を事前に把握し、配慮しながら進めたりすることもできるかと思います。

　特に第２章でも話したとおり、異動したばかりの頃はこまめに上司とコミュニケーションを取り、特性をつかむのがいいかもしれません。

②共振のイメージ

　部下が上司を知るだけでなく、上司が部下を知ることも大切かもしれません。この過程で互いの特性を理解し、それを踏まえた仕事ができれ

ば、互いによい関係になっていくように思えます。

　私の中では、これは「共振」のイメージです。
　1本の糸に2つの振り子を吊るし、それぞれを揺らすと、最初は異なる周期でバラバラに揺れています。しかし、時間が経つと、2つの振り子は次第に同じ周期で揺れるようになります。

　上司と部下も、最初は議論が嚙み合わず、うまく進まないこともありますが、互いが互いを知るうちに同じ方向を向くようになります。
　この「共振」の状態になると、お互いが相手の考えを想定しながら動けるので、手戻りなくスムーズに仕事を進められます。

③合わない上司はほどほどに
　共振は、比較的、気が合う上司とのケースです。
　一方、上司・部下も人間ですから、お互いに「合う」「合わない」があり、すべての上司と「共振」の状態にはならないかもしれません。

　それこそ、気が合わない上司と、共振を目指して無理に心身をすり減らすのは、個人的にはあまりおすすめしません。気が合わない上司には深入りしすぎない心持ちでもいいかもしれません。

　合う上司とは「共振」の関係を目指し、合わない上司とは「振り回されない」関係を心がける。こんなイメージで上司との関係を捉えてみてはいかがでしょうか。

（4）仕事相手には丁寧に

　私たちの仕事は、職場内だけで完結するものは少なく、むしろ他部署やほかの自治体、関係団体、民間事業者と進めていくものも多いです。3部署目になると、こうした職場外との交渉・調整業務も増えますね。

　そこでここでは、職場外の仕事相手とのコミュニケーションについて考えてみましょう。

①職場内より丁寧な対応を

　職場外の仕事相手は所属する組織が異なるため、仕事の仕方や組織として目指す目標、大切にしている価値観も自然と異なります。

　そうすると、自分が当たり前と思っていることが、相手にとっては当たり前でなく、異なる認識で捉えられることがあります。

　そのため、やり取りの際は、①まず、お互いの立場の違いを認識し、②職場内よりも言葉を尽くして説明したり、相手の話をじっくり聞いて意図を正確に汲み取ったりすることを意識してみてください。

　私も、職場内の人と同じトーンで職場外の人と話してしまい、議論がうまく噛み合わなかった経験が何回かあります。その都度、丁寧な説明をしなければと実感しました。

　もちろん、過度に丁寧に説明して、相手に「そんなことは知っている」と言われることもあるため、一括りにはできませんが、大きな考え方として頭に入れてもらえればと思います。

②相手の立場でも考えよう

　次に、立場が異なれば、仕事相手と意見が合わないことも多々あるか

と思います。自分の思いどおりにならず、苛立ちを感じるかもしれませんが、その際には相手の立場に立って、「なぜそう考えるのか」想像してみてください。

　異なる考えに至るのは自分と背負っているものが違うからです。相手と意見が異なる背景をつかむことができれば、それを踏まえ、相手に理解されやすい・納得されやすい方法が見えてくることもあります。
　また、自分とは異なる価値判断の物差しを知ることで、自分の考えを多角的に見ることができ、議論の中で、よりよい結論に到達できることもあります。

　このように相手の立場でも考えることは、次にお話しする「落としどころを見つける」際にも役立つかと思います。

③落としどころを見つけよう
　仕事相手との調整・交渉業務では、意見が異なる両者が納得できる落としどころを探すことも多々あります。
　組織同士が対立するときには、皆さんがその窓口として相手とやり取りすることもあるでしょう。

　私も何度も経験がありますが、こうした仕事では、上司からは厳しいことを言われ、それを伝えると、仕事相手から反発に遭うなど、苦労することも多かった記憶があります。特に若い頃は、互いに組織の意思決定者ではないので、上司の考えを伝達し、相手の考えを聞いて上司に伝えるメッセンジャーになりがちです。

　ただ、組織同士が対立していても、担当者同士が信頼関係をもったや

り取りができていると、よい方向にまとまることも多いように感じます。逆に、上司と一緒に担当者も感情的になってしまい、一方的に相手を叩くばかりでは、敵を増やし、前に進まなくなります。

　もちろん、相手に迎合する必要はありませんが、相手の立場を想像し、「相手にとって何が譲れる部分で、何が譲れない部分か」、「相手が何を一番気にしているか」をつかむようにしてみてください。

　特に、相手組織の生の声を聞き、感覚をつかめるのは担当者だけです。相手との信頼関係があれば、「うちの課長は×××を求めていると言っているが、それが難しければ、実際は△△△までできれば、こちらで説得できると思う」といった本音のやり取りもできるかもしれません。

　調整業務は、骨も折れ、大変なこともあるかと思いますが、1つの考え方として参考にしてみてください。

（5）後輩ができた、どうする？

　3部署目ともなると、職場に後輩ができることもあります。
　皆さんの中には、指導係やメンター・メンティの関係になって、後輩の面倒を見ている方もいらっしゃるかもしれません。そこで、後輩とのコミュニケーションについて、私の個人的な考えを3つほどお話しします。

①後輩が相談しやすい先輩を目指そう

　後輩とどのような関係をつくるかは、皆さんや後輩のキャラクターによりますが、まずは「後輩が相談しやすい先輩」を目指してみましょう。
　後輩が皆さんのところに相談に来る多くは、困り果てているときです。

皆さんも社会人1年目を思い出すと、わからないことばかりで困った経験があったのではないでしょうか。

　そんなときに冷たく対応されると、以降、皆さんのところに相談に行きにくくなってしまいます。困った後輩の力になれるよう、親身になって対応してあげてください。

　もちろん、皆さん自身が忙しいときもあるかと思います。
　そういうときは、「ちょっと今バタバタしているから、また声かけるね」と伝え、落ち着いて話を聞ける時間をとってあげるとよいでしょう。

②できなくても許す気持ちを持とう

　皆さんが指導したとおりに後輩が動いてくれないこともあるかと思います。ひょっとしたら、そのことに対して、「何でできないの？」と思うかもしれません。

　しかし、後輩は皆さんより経験が浅く、知識量も大幅に差があります。皆さんのようには上手に仕事ができません。
　また、違う人間同士ですしキャラクターも異なります。社交的な先輩にとって「1年目に簡単にできていたこと」が、内向的な後輩にとっては「勇気がいる、大変なこと」かもしれません。

　そのため、後輩が自分の思うとおりに成長できなくても、苛立つことなく、許す気持ちを持って、ゆっくりと見守ってあげてください。

③気負わない、無理をしない

　何より、「完璧な先輩にならなくては」と気負う必要はありません。
　後輩の指導係である前に、皆さん自身も若手職員です。

指導経験が豊富なわけでもありませんから、後輩との接し方で失敗することもあるでしょう。

　私も若い頃、自分が切羽詰まっていたときに、後輩がミスをして、大きな声で厳しく接してしまい、とても反省したことがあります。
　その反省から、今は同じような場面でもできるだけ声を荒らげないよう心がけていますが、皆さん自身もまだまだ若手です。
　完璧な先輩を目指すより、失敗したら「ごめんね」と言える関係をつくるほうがいいかもしれませんね。

　また、わからないことを聞かれたら、無理に知っているふりをせず、正直に「自分にはわからないので、上司に相談してみて」と伝えましょう。

　後輩との関わり方についていろいろとお話ししましたが、自分の仕事をしながら後輩の面倒を見るのは、忙しい時期には大変です。
　悩むことも増えますが、いずれ部下を持ったときの練習と思って、前向きに取り組んでもらえればと思います。

▶ P.98「自分で仕事の段取りを組もう」を読んで

「業務の全体像をつかむ」

新しい部署に異動したばかりの若手職員ですが、スケジュールを立てる
大切さを実感しています。
今はまだ業務の全貌がわからず、1ステップごとに上司に聞きながらや
みくもに進めていく場合もありますが、締切が近づくとあせりも感じ、
気持ちも穏やかではなくなってしまいます。
新しい職場の時間の流れ方に少しずつ慣れ、スケジュールを立てられる
ようにしたいと思います。

▶ P.100「相手の立場に立つ想像力を持とう」を読んで

「筋悪なお願い」

筋悪なお願いを持ってこられる方は、言いにくそうにモゴモゴされると
きがあります。
こうした場合、私は、最終的に聞く・聞かないは別として、「お互い大
変ですね」と笑いながら聞く・受け止めるように心がけています。もち
ろん、心に余裕があるときだけですが。
逆に、傲慢な態度でお願いされると、聞く前からバトルモードで断って
しまいます。まだまだ修業が必要ですね。

筋悪な依頼は、感情的には「受けたくない」と思いがちですが、依頼者も、筋
悪と思いながらほかではどこも受けてくれないから、何とかお願いできないか
と申し訳ない気持ちで尋ねてきていることもありますね。
話を聞くことで何かしらアドバイスができるかもしれません。

▶ P.102「TPOで手段を使い分けよう」を読んで

「フットワーク軽く」

私は、相手に相談ごと・お願いごとがあるときは、丁寧に進めるために「お邪魔して直接話をする」ことをフットワーク軽くできるよう意識しています。
ただ、対面は相手の時間を奪ってしまうので、こちらの意向を伝えたうえで、相手に委ねるように気をつけています。

▶ P.105「上司との関係を考える」を読んで

「上司の立場で考える」

私は、自身の1、2階級上の立場で物事を考えるようにしています。
その理由は、①「自分が上司ならどうするか」を考えることで、自分が上司になったときの練習になる、②目標とする先輩職員を探し、自分のキャリアデザインを行う、③上の視点で俯瞰的に考えられるようにする、の3つがあります。

私も若い頃、「2つ上の役職の人の動きを見る癖をつける」よう、言われていました。
また、課長−係長−自分の組織なら、自分が直接協議するのは係長ですが、その係長は「協議案件が課長を通せるか」という視点でも考えます。そのため、2つ上の視点は、案件をスムーズに通すうえでも有効と感じます。

「相手に合わせる」

上司とのコミュニケーションでは、「異動先の上司とたまたまかみ合った」でなく、相手に合わせて自分のやり方も変えることができたら、すごく働きやすくなるのになあと思いますが、なかなか難しいですね。
実践していることでは、上司によって、資料のつくり方を変えることがあります。丁寧に文章で説明を書くことを好む上司か、ビジュアル重視で図で理解したい上司か、さまざまなタイプがおられるなと感じます。

「ある上司の思い」

私は管理職ですが、今の若い方はとても優秀と思います。自分が同じくらいの年頃、これだけの量の仕事をさばけていたかと思うと疑問です。
一方、若手職員の皆さんには、事務処理ばかり得意になるのではなく、たとえば「そもそもこの事業は何のためにやるのか」、「本質はどこにあるのか」といったことを悩み、もがく経験も大切にしてほしいです。
こうしたことは、年数を重ねながら次第に経験を積むのかもしれませんが、社会情勢は刻々と変化し、予断を許さない状況にあります。
私としては、若手職員の皆さんが将来困らないよう、どういった経験をさせるかを考えなくてはと、身の引き締まる思いでいます。

▶ P.107「仕事相手には丁寧に」を読んで

「仕事後も続く関係」

１部署目のとき、民間の方が仕事相手でしたが、仕事の進め方、詰め方がまったく違っていて、苦労しました。
ただ、お互い歳が近かったこともあり、事業が終わる頃にはとても仲よくなり、今も連絡を取ることがあります。何か仕事で聞きたいことがあると民間目線で意見をくれるので、とても参考になっています。

▶ P.109「後輩ができた、どうする？」を読んで

「日頃から褒めていれば」

私は今、新規採用職員の指導係になっていますが、日頃から、目に留まったよいところを褒めるようにしています。
こうしたポジティブなコミュニケーションでお互いの信頼関係ができていれば、「もっとこうしてね」という厳しめの指導をするときも、必要以上にショックを受けずに聞いてもらえるのではないかと思い、実践しています。

「場を和らげる」

以前の上司のお話ですが、私が相談に行くと、毎回、話の冒頭に冗談やギャグで場を和らげてくださいました。そういう気遣いを感じると、協議をしなければと緊張していた私も、ほっとしたのを覚えています。
今は後輩ができたので、後輩の不安を取り除けるよう、よい空気感をつくっていきたいと心がけています。

私の以前の上司も、そんなすてきな方でした。
悩んでいるときに相談に行くと、いつも温かく迎えてくれ、終わったら「（相談してくれて）ありがとう」と声をかけてくださいました。
今はそんな上司になりたいという目標にもなっています。

＃何のための資料か　＃読み手は誰か　＃伝えたいことを選ぶ
＃構成はシンプルに　＃冒頭で勝負　＃伝わる文章
＃見栄えも意識　＃資料の型を持つ
＃資料作成でも段取りを　＃長い文章の読み方

（1）資料はラブレター

　私たちの仕事では、資料をつくって上司に説明する場面が多くあります。

　3部署目にもなれば、これまで上司がしていた資料づくりを任せられ、場合によっては幹部協議資料、議会資料、記者発表資料を作成することもあるかもしれません。

　そこで、私たちの仕事に大切な資料作成について考えてみましょう。

　さて、タイトルの「資料はラブレター」は、以前の上司の言葉です。

　当時、上司がインタビューを受けるにあたって発言メモをつくっていた私は、「あれを言ってほしい、これも言ってほしい」と自分が考えたことをすべて盛り込み、細かい文字でびっしりとなった資料を上司に渡しました。

　そのとき、上司から「この資料はわかりにくいね。いいかい、資料は読まれなければ意味がないんだ。相手を想像して、ラブレターだと思って書きなさい」とご指導いただきました。

　たしかに、考えてみると資料は伝えるためのツールです。

　せっかく、自分の考えを表現しても、相手に伝わらなければ、正しく

理解してもらえません。行き違いになったり、納得して動いてもらえなかったりすれば、スムーズに仕事を進めることもできません。

　逆に、優れた資料はそれ自体が雄弁に語ってくれ、読んでもらえれば、読み手を説得し、仕事が進んでいきます。

　では、相手に伝わる資料をつくるための頭の整理として、手を動かす前に考えてほしいことを2点お話しします。

①何のための資料?

　資料の目的は、単なる情報提供から、判断や決裁など何らかの行動を起こさせるものまでさまざまです。

　その際、目的が明確になっていなければ、資料の位置づけがぼやけてしまいます。皆さんも、読む立場になったとき、情報の羅列ばかりで「何のためにつくった資料かわからない」と感じた経験はないでしょうか。

　目的を設定することで、それに沿った内容のつくり込みができるようになります。

②資料の読み手は誰?

　資料の読み手を意識することも重要です。

　相手が上司なのか、住民なのか、他部局の職員なのかで資料の内容も変わってきます。たとえば、新規事業の検討では、同じ課の職員が相手であれば、事業開始までのスケジュール、関係機関との調整方法などの細かな内容を盛り込むかもしれません。一方、幹部が相手であれば、議会・記者説明といった対外的な内容を中心に盛り込むかもしれません。

　個別具体的に「こういうときはこの項目を書くべき」と決まってはい

ませんが、伝える相手がどういった立場かを想像することは、資料のイメージをつくるのに役立ちます。

（2）資料の骨格をつくろう

　頭の整理ができたら、資料の骨格づくりに取りかかります。

　資料の骨格は、相手の頭にどうインプットするかを考え、シンプルなものを目指しましょう。具体的には、次の3点です。

①伝えることを選ぼう

　資料を作成するとき、私たちは自分の頭の中を掃き出すように「できるだけ情報を伝えたい」と、思いつくまま情報を盛り込んだ資料をつくってしまいがちです。

　しかし、資料の目的や読み手に沿って考えると、盛り込んだ情報には、必要なものもあれば、不要なものも出てきます。

　また、読み手の役職が上がるにつれて、多くの協議案件を抱え、時間の制約も大きいことが一般的です。その場合、資料も簡潔明瞭が求められます（ただし、重要案件で十分な時間をかけて議論する場合もあるので、すべてがこれに当てはまるわけではありません）。

　そのため、読み手にインプットしたい情報を考えながら、「何を書き、何を書かないか」、つまり、盛り込む情報とそぎ落とす情報を吟味していきましょう。

　その際には、伝えたい情報を、①資料に書くもの、②資料に書かず口頭で伝えるもの、③手持ちとして聞かれたら答えるもの、に分別しておくとよいです。

②構成はシンプルに、適切な見出しを

　次に、資料の構成はシンプルにして、概要や構成がわかる見出しをつけましょう。適切な見出しをつけることで、資料をじっくり見なくても、サッと全体の構成をつかむことができます。

　たとえば、「1　現状」「2　課題」「3　対応案」といった見出しがあれば、どういった構成で資料がつくられているか、イメージができますね。

　また、見出しのパターンはだいたい決まっているため、定型化しておくといちいち考える手間を省くことができます。

　見出しをキャッチーにする必要はありません。内容を端的に表すものですから、簡潔明瞭かつ内容に合致したものにしましょう。

③冒頭で心構えができる一工夫

　上から経過を読み進め結論になかなかたどり着かない資料は、最後まで「結局何が言いたいのか」がわからず、読み手にストレスが募ります。

　資料は途中経過も楽しむ小説や物語と違い、あくまで読み手に時間をかけずに内容を理解してもらうものです。

　そのため、たとえば、資料の冒頭で、案件名と種類（協議か報告かなど）を明示しておくと、読み手側の心の準備ができ、有効です。

　ほかには、資料で伝えたい結論を最初に記載するときもありますね。

（3）相手に伝わる文章を書こう

　次は、資料に書く文章です。

　時折、文章を読んでいても理解できず、なかなか頭に入ってこないと

きがありませんか。たとえば、ダラダラと長い文章だと、伝えたいことをじっくり探さねばならず、読みにくい印象を与えたり、書き手の意図と異なる解釈がされてしまったりするリスクもあります。

　資料は相手に伝えるためのものですから、自分の意図を正しく相手に理解してもらえる文章を心がけたいですね。そこで次の3点です。

①主語と述語を意識しよう

　1つの文中で主語と述語が離れていると、読み手の誤解を招きやすいです。

　そのため、まず、「○○は××だ」のような主語と述語だけの文章に特化し、修飾語や「～のような場合には」といった条件設定などはできる限り書かない文章を考えます。そのうえで必要な修飾語を加えていき、簡潔な文章をつくります。

②長文は2文に分けてみよう

　長文になったと思ったら、接続詞を使って2つの文に分けてみましょう。たとえば、「・・・であることから、・・・」は「・・・。したがって、・・・。」とします。

　2文に分けると、読み手も一息つけますね。

③記号にも語ってもらおう

　文字だけではなく、記号を積極的に取り入れるのも効果的です。

　たとえば、「・・・であることから、・・・」は「・・・。→・・・。」、「・・・するとともに、・・・」は「・・・。＋・・・。」とします。

　あわせて、項目を箇条書きにする、「1（1）①」といった階層構造をつくる、複雑な関係は文章ではなく図示するなどの方法もありますね。

（4）仕上げの一工夫

このほか仕上げ段階では、次のことも考えてみてください。

①日付と作成者は忘れずに

資料の冒頭には、日付と作成者を書くようにしましょう。

というのも、資料は、「いつ、誰が作成したのか」が後で重要となる場合があるからです。

時々、日付や出所が不明の資料を見つけますが、「いつ、どの立場でこの資料が書かれたのか」がわからないと、揉めごとに発展することもあります。

私も日付を資料に付け忘れてしまい、上司が自らペンで書き加えるのを見てハッとした経験が何度かありました。

②見栄えも意識してみよう

資料を読んだ相手が納得するかは、感情も関係するため、相手に気持ちよく読んでもらえる見栄えも有効です。

まず、情報を盛り込みすぎず、余白を活かしましょう。

窮屈な余白は見にくさと圧迫感を与え、資料を読もうという気持ちを失わせます。また、余白がなければメモも書けませんので、余白も含めて資料作成と思ってみてください。

次に、大事なポイントは強調しましょう。

よく使うのは、フォントの使い分けです。下線、太字、斜字などもありますが、乱用は見づらい資料にもつながりかねません。その際には、立ち止まって、何のために強調するのか考えてみてください。

③説明しやすい一工夫

　相手に説明する資料であれば、説明を意識した工夫も有効です。

　まず、ページや見出しに番号を付すことで、「この点は3ページをご覧ください」「次に2の課題ですが」と、相手の目線を誘導しやすくなります。

　また、複数資料を使って説明するときには、目線の移動が少ない資料づくりができるとよいですね。たとえば、「別紙Aを見てください。次は別紙Bと別紙Cを比較してください。そして…」と説明があちこち飛んでしまっては、目線を移動させるので忙しく、落ち着いて内容を咀嚼できません。

　最後に、資料ができたら説明を意識して読み返してみてください。上司が説明する資料も、自分が説明すると思って読むと、説明が前後してわかりにくい箇所や誤字脱字など、作成途中で気づかなかったことが見えることがあります。

(5)フォーマットで近道を

　ここまではゼロから資料を作成する過程をお話ししましたが、しかし実際には、適当なファイルをコピーして作成することも多いかと思います。

　ゼロから資料を作成すると、フォントなどの体裁を整える手間がかかります。しかし、過去に作成した資料を活用すれば、その手間が省け、かつ、その資料が優れた内容であれば、毎回ゼロから構成などを考える必要がなく、自然とよい資料ができあがります。

私も、資料作成で白紙のワードを開くことはあまりなく、だいたいは自分が過去に作成した資料をコピーしています。

　自分の中で基本的な資料のフォーマットを持っておいたり、先輩職員がつくったわかりやすい資料を拝借したりするのが、よい資料をつくる近道と思いますので、どんどん真似をしましょう。

（6）資料作成でも段取りを意識

　どんなに完成度が高い資料をつくっても、必要なときに間に合わなければ意味がありません。そのため、資料作成でも段取りを意識しましょう。

　まず、発注を受けた段階では、手戻りがないよう、資料の目的や読み手、スケジュール感、大まかな骨子などについて、発注元と擦り合わせましょう。時には、手書きで資料のイメージを示すのも有効です。

　次に、作業段階では、全体のスケジュールの中で、自分にどれくらいの時間が与えられているかを意識してください。

　資料の完成までには、自分が資料を作成する時間、自分が作成した資料を上司が修正する時間、そして完成後も、議会などで説明する資料であれば説明者が勉強する時間が必要です。

　そのため、完璧な資料をつくろうと意気込んでも、大幅に時間がかかっては、その後の上司の修正時間が確保できなくなるおそれがあります。

　むしろ、重要な資料であれば、いろいろな人の目を通る中で完成していきます。私の場合、難しい資料なら３割、普通の資料でも６割くらいできあがった段階で上司と相談するようにしています。

　特に若いうちは、自分では気づかない視点で修正が入ることも多いの

でなおさらです。

　このように、組織で資料を完成させていく意識を持ってもらえると、スムーズに資料作成が進められるかもしれませんね。

　最後に、最近私が協議で使用した資料のイメージをご紹介します。1つの例として参考にしてみてください。

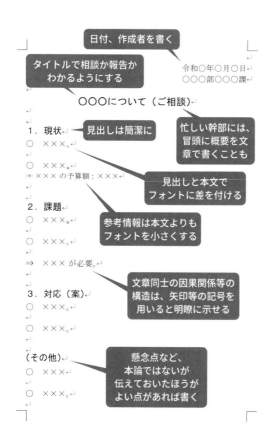

（7）長い文章、どう読もう？

　法令の条文をはじめ、私たち公務員が書く文章は、あいまいさをなくし正確性を求めるために、どうしても長くなるものもあります。

　そこで、資料作成・文章の書き方から少し脱線して、長い文章の読み方について考えてみましょう。具体的には次の5点です。

①文の構造（主語と述語）を押さえよう

　まず、長い文章はいきなり細部から読み解くのではなく、最初は「××が○○する」という主語と述語の大きな構造を捉えます。

　そこから、たとえば「請求する」という述語なら、「何を？」、「誰に対して？」のように、文意を理解するために必要な情報を追加して全体像を明らかにしていきます。

　そのためには、長い文章から「骨組みを残してそぎ落とす」ことが必要となります。そこで有効なのが次の2点です。

②かっこは飛ばしてみよう

　特に法令の条文では、かっこの中が長く、読んでいるうちに集中力が切れてしまうこともあります。

　しかし、かっこは突き詰めると補足情報です。構造を捉える段階では読み飛ばしてみましょう。

③修飾語も飛ばしてみよう

　かっこと同様に、「〜のために」「〜の場合には」といった修飾語も、構造を捉える段階では不要な情報です。まずはそぎ落として考えます。

　このようにして文章の構造を捉えたら、そぎ落としたパーツを戻しな

がら、細かなところを理解していきます。

④何と何が並列されているかを押さえよう

　長文になるときは、2つ以上のものが並列関係になっていることがよくあります。特に法令では、「及び」「並びに」や「又は」「若しくは」といった用語が頻繁に使われており、それぞれに大小関係もあります。

　そこで、並列関係があれば、「何と何がつながっているか」を押さえましょう。その際、並列関係は名詞Aと名詞B、動詞Cと動詞Dのように同じ品詞がつながることが多いので、そこに着目するとよいです。

⑤図にしてみよう

　最後に、構造が複雑なときは、図示して、文の構造や修飾、並列の関係を見やすくすることも有効です。次の例をご覧ください。

長い文章の図示イメージ

この計画は、水防法第7条に基づき、県内の水防業務の調整及びその円滑な実施のため必要な事項を規定し、もって河川及び海岸の洪水、雨水出水、津波又は高潮による水害を警戒し、防御し、これによる被害を軽減することを目的とするものである。

図示すると

この計画は、

修飾語

水防法第7条に基づき

文の構造
（主語と述語）

県内の水防業務の調整
及び
その円滑な実施

のため必要な事項を　規定し、

何と何が並列になっているかを押さえる

もって

河川
及び
海岸

の洪水、

雨水出水、
津波、
又は高潮

による水害を

警戒し、
防御し、

これによる被害を軽減する

こと

を目的とするものである。

出典「令和4年度　島根県水防計画（島根県）」をもとに加工

STEP4　上司を説得する説明をしよう

#説明は堂々と　#最初の宣言　#時間を意識　#筋道だった流れ
#事実と意見を分ける　#相手の様子を見ながら説明
#上司が忙しいとき　#質問にはまっすぐ答える
#ボールは受け止める　#時には、その場を引く
#人前での説明　#実践と改善

（1）説明の型をつくろう

　資料を作成したら、次は上司への説明です。

　仕事で誰かに説明するとき、どのような説明がわかりやすい、伝わりやすい、または相手を説得しやすいものでしょうか。

　まず、「形から入る」こととして、次の３点を意識してみてください。

①堂々と説明しよう

　聞き手からすると、おどおどして説明されると、この仕事は大丈夫かなと不安になってしまいます。そして不安に感じたら、いろいろ質問したくなってしまい、往々にして質問されたほうはうまく答えられず、場が停滞してしまいます。

　そのため、まずは、堂々と説明して相手を安心させましょう。

②案件名・種類を最初に宣言しよう

　時々、こんな説明をしている場面に出くわします。

　「先日、○○さんから○○という話がありました。その後、○○さんに確認したところ、○○と言われました。○○を調べたら、○○でした。……それで、どうしましょう」

　おそらく、出来事を時系列順に思い出しながら、説明してくれている

のだと思います。ですが、正直な話、聞き手は、どのような対応が求められているかわからないまま話を聞くこととなり、なかなか頭に入ってきません。

　そこで、説明の一言目を「スケジュールについてご<u>相談</u>です」、「昨日の会議のご<u>報告</u>です」といったように、案件名・種類からはじめましょう。
　そうすると、「相談なのか・報告なのか」、「急ぎか・急ぎではないか」、「ルーチン案件なのか・イレギュラー案件なのか」といったことが最初に伝わり、聞き手も気持ちの準備ができます。
　たとえば、相談なら、自分に判断が求められるため丁寧に聞こうと意識します。報告なら、終わったことなので、ある程度リラックスして聞きます。急ぎなら、間違った判断をして手戻りが発生しないよう、集中して聞きます。ルーチン案件なら、リラックスして聞きながらも、例年の対応はどうか、今年はそれと異なる対応をするかといったことを頭に巡らせます。

　ちょっとした一言で、聞き手も次に取るべき一手を考えることができ、スムーズな協議につながっていきますね。

③時間内に終われるように

　協議は、説明し、議論し、結論を出して終わりとなります。そのため、最初の説明だけで与えられた時間すべてを使わないよう気をつけましょう。
　議論以降は相手がいるので時間の予想が難しいですが、説明は自分でコントロールできる部分です。時間が限られているなら、議論にどの程度の時間が必要か考え、そこから説明時間を逆算できるとよいと思います。

特に幹部との協議は、ほかの案件もある中で予め時間を押さえて行います。時間内に終わらせることが、自分にも次の順番待ちの人にもありがたいことですので、意識してみてください。

（2）相手を意識した説明をしよう

説明では、私たちは自分の思っていることを表現しようとがんばりますが、発した言葉は相手に届かなければ意味がありません。

そうすると、説明のゴールは、「自分がすばらしい説明をする」自分視点ではなく、「説明内容が相手に伝わり、理解・納得され、相手に行動・判断してもらう」相手視点ではないかと思います。

では、具体的に見ていきましょう。

①筋道立った流れをつくろう

「論理的な説明」と聞くとハードルが高く感じてしまいますが、個人的には、聞いた人が「そりゃそうだよね」と納得してくれる流れを組み立てられるかということだと思います。その際には、相手がはじめて聞くことを念頭に置き、どういう順序で・どのような情報を伝えていけば、相手の頭が整理されるかを考えてみてください。

たとえば、新しい事業を組み立てる際には、
【現状】→【目指す目標】→【目標達成の課題】→【課題解決のための対策】
といった流れの説明が多いでしょうし、事業の状況報告では、
【これまでの経過】→【現在の状況】→【今後の方針・対応】
のように時系列で説明することもあります。

すべての協議に当てはまる共通パターンがあるわけではないですが、筋道が立っているかという視点で、説明の流れを組み立ててみてください。

②事実と意見は分けよう

部下の相談を受けて判断する上司からすると、「事実」は判断そのものに用いる材料、「意見」は判断の際に参考とする材料で、やや性質が異なります。それなのに両者が混ざっていると、何を拠り所に判断すればいいか、上司も困ってしまいます。

そのため、説明の際には事実と意見を分けて伝えましょう。事実は正確に伝え、そのうえで「担当としてはこうすべきだと思います」と自身の意見を言えるよう心がけてみてください。

③相手の様子を見ながら話そう

説明の際には、資料に目線を落としたままでなく、できれば相手の様子に気を配りましょう。

たとえば、相手が自分の説明箇所を順調に追っていれば説明を続けてもいいですが、相手が途中で止まっているなら、説明を無理に続けてもこれ以上頭に入ってこないと思います。

かくいう私も若い頃、上司を置き去りにした説明をしたことがあります。

異動直後で緊張していた私は、手元の資料に目線を落としたまま黙々と資料を読み上げました。全2ページを読み終えてようやく上司の顔を見ると、上司は1ページ目の前半で、頭を抱えながら資料とにらめっこしています。上司の頭に私の説明は入っていませんでした。

また、相手によっては、「説明を聞きたいタイプ」と「資料があるなら資料をまずじっくり読みたいタイプ」があります。「ちょっと読むね」と言われたら、じっと相手の様子を観察し、質問に備えましょう。

④上司が忙しいときのアドバイス

上司が忙しく、十分な時間を取れない場合には、資料の中からポイントだけを口頭で伝え、判断してもらうこともあります。

資料を用いず説明することは不安かもしれませんが、基本は「相手の頭にどういった順序で情報を伝えれば頭が整理されるか」を考えることです。私の場合は、

・相手が判断するのに必要な情報は何か

・相手に1分しかないとき、何を一番伝えるべきか

といった視点で、そぎ落とす情報・残す情報を考えています。

なお、忙しい上司にどうしても説明したい案件があるときには、口頭で「〇〇についてご報告したいので、5分ほど時間がほしいです。お時間あるときに声をかけてください」と伝えてみてください。こうすることで、上司にも、部下が上げたい案件があると認識してもらえます。

もちろん、本当に忙しいときには話しかけることすらできない場合もありますので、ケースバイケースで使ってみてください。

(3)飛んできた質問、どう返す?

ここからは、説明した後の質疑応答について、3点お話しします。

①質問はまっすぐ答えよう

　まず、上司からの質問に対しては、意図を捉えてまっすぐ答えましょう。

　質問に答えていない回答をされると、相手は「自分の言っていることが理解してもらえない」と感じます。

　私も、質問の答えになっていない回答をしてしまい、上司から「いや、私が聞いているのは、そういうことじゃないんだけど」と返された経験がよくあります。

　そのため、基本的には質問にまっすぐ答え、もし意図がわからなければ、「（その質問は）こういうことでしょうか」と確認するようにしましょう。

　なお、自分の手元にど真ん中の回答がないことを知っていながら、何か言わなければとあえて違う（近い）回答をすることもあるかと思います。

　たとえば、3年前のデータを聞かれたとき、ひとまず手元にある1年前のデータを答えたりしますよね。

　個人的な経験では、そこから上司が類推して「じゃあこういうことなんだね」と収めてくれるケースもありますが、先ほどの例のように、うまくいかないこともあります。

　もちろん、黙るよりは何か言うほうがいいと思いますが、「自分の答えが相手の求めている答えか」ということも考えてみてください。ちなみに、こうした場合には、「質問の趣旨とは違うかもしれませんが」と前置きするのも1つの方法だと思います。

②指摘はしっかりと受け止めよう

　「質問はまっすぐ答える」に関連して、上司からの指摘はしっかりと受け止めましょう。

たとえば、協議の最後に結論・指示事項を確認することが考えられます。

実際、「その協議で何が決まったか」「上司からの指示は何だったか」などを口頭で確認すると、指示がもれていたり、上司と部下で認識が異なっていたりする場合もあるので、その後の作業の手戻りを防ぐことにつながります。

③時にはいったん撤退も

質疑応答で、上司からの質問に答えられない・手元に答えがない場合は、「後で確認します」と撤退する判断も大切です。

特に、数値・データはごまかしがきかないので、手元にないのに適当に答えてしまうと誤った数値・データのまま議論が進んでしまいます。仮に答えるにしても、「後で確認しますがおそらく◯◯程度だったかと思います」と不確実であることを相手に伝えてください。

また、議論がヒートアップして上司からの指摘が相次ぎ、自分の分が悪くなる（炎上する）こともあります。この場合、無理に戦って傷口を広げるより、「再度検討して、またご相談します」と打ち切って、早めに撤退することも1つの方法です。

そして撤退した後は、受け止めた上司の指摘を踏まえて検討し、改めて上司を説得できるよう気合いを入れて臨みましょう。

（4）人前での説明、私の心がけ

3部署目の皆さんは、今後、人前で話す場面も次第に増えていくかと思います。そこで最後に、人前での説明について、私が個人的に心がけていることをご紹介します。

①落ち着いて堂々と、相手の顔も見ながら話す

　落ち着いて堂々と話すのと、緊張で委縮してしまうのでは、聞く側の安心感が違います。人前に立ったら、あせってすぐ話そうとはせず、まずは一呼吸して自分のペースで話しはじめましょう。

　また、話す内容が頭に入っているのがベストですが、資料を読みながらの説明もあるでしょう。このような場合も下を向いてばかりでなく、顔を上げて会場の様子も見ることができれば、相手に伝わっているかを確認できます。

　関連して、自分の説明に頷いたり反応してくれたりする人を見つけて、それを会場の雰囲気のバロメーターにし、その人に向けて話すという方法も聞きますね。

②スピード、抑揚、強弱、間（呼吸）を意識する

　話すスピードは、早すぎると聞き取れず、ゆっくりだと退屈させます。

　相手の年齢層や、資料が配布されているか否かによっても、適切なスピードは異なります。場面に応じたスピードを心がけたいですね。

　ちなみに、私自身は、普段は早口になりがちなので、人前ではゆっくり話そうと心がけています。

　また、抑揚や強弱が変わらない説明は、眠気を誘います。話題が変わるときやポイントを説明するときは、声の抑揚や強弱を変えてみるのも、聞く側を飽きさせない工夫です。

　加えて、間を置かないマシンガントークよりも、適宜一呼吸置いてもらったほうが、聞く側も頭の整理ができます。

「あー」「えー」といった言葉も聞く側は気になるので、いったん切って一呼吸置くとよいかもしれません。

③時間は守る

説明時間が設定されている場合は、その時間を守るようにしましょう。次の予定があって中座せざるを得ない人もいますし、聞く側の集中力も、説明時間を超過すると一気に落ちます。

とはいっても、「気づいたら話の途中なのに時間ギリギリになってしまった」ということもあるかもしれません。

このような場合は、項目ごとにおおよその時間設定をしてみてください。そうすれば、話している途中でも、「このペースなら大丈夫」、「ちょっと遅れている、もう少しスピードを上げよう」といった時間調整ができるようになります。

④ここ一番は熱量をもって伝える

熱く語る人の話は引き込まれますし、聞く側の心も動かします。

人それぞれのキャラクターもありますので、全員に熱く話してほしいとは言いませんが、「ここ一番」のときは、熱量を上げて、相手の心に届くように伝えたいですね。

⑤事前にシミュレーションしてみる

本番のイメージをつかむため、シミュレーションをしてみるのも有効です。声に出してみると、説明しづらい箇所に気づけるほか、③でお話しした時間設定の練習にもなりますね。

忙しくてシミュレーションをする時間がないなら、声に出さずに、頭の中で読み上げてみるだけでも違うと思います。

⑥実践と改善の積み重ね

　最後に個人的な考えですが、人前での説明が上手になるには、「まず実践してみて、そこから改善しようとすること」が大切と感じます。

　私がこのことを意識するようになったのは、大学時代、母校の高校で行った2週間の教育実習がきっかけです。

　教育実習では、同じ内容の授業を複数のクラスで行います。時間がオーバーすれば、内容を見直してペースを速めるといった改善を行いました。生徒の反応が悪ければ、具体例を変え、質問で理解度を確かめることもしました。とにかく「怖がらずやってみる」こと、そして「授業後に振り返りをし、次の授業で改善する」ことの積み重ねでした。

　親切な指導をしてくださった当時の指導教官には感謝しかありませんが、このときの経験が、私の人前での説明のベースになっています。

　もし人前で話す仕事が回ってきたら、「嫌だな」としり込みせず、説明スキルを磨くチャンスと捉え、挑戦してみてください。

お便り掲示板　その6

▶ P.116「資料はラブレター」を読んで

「相手を思い浮かべながら」

資料作成では、作成後、説明する相手を思い浮かべながら、頭の中で説明してみるようにしています。

たとえば、説明を聞く側が、目線をあちこち移動させなければならないと、理解しにくくストレスにもなるので、そのときは、上から下に流れる説明ができるよう構成を考え直します。

また、引っかかる部分があると、それは自分の中で自信がなかったり、聞かれたくなかったりする部分であることが多いので、質問されたときの返し方を準備するようにしています。

▶ P.118「資料の骨格をつくろう」を読んで

「情報の吟味」

資料作成では、自分の思いや伝えたいことを多く盛り込み、冗長になりがちなので、「盛り込む情報、そぎ落とす情報の吟味」が大切に思います。その際には、「相手の頭に何を残したいか」を念頭に置いています。

また、実際の資料作成の手順は次の流れが多いです。

①まず、資料の構成として項目をつくる

②各項目に伝えたい・説明すべきことを、ボリュームを考慮せず書く

③資料の用途や読み手を思い浮かべ、不要・省略可能な部分を削る

最初から③の状態をアウトプットできればベストですが、そこまでを頭で考えるのは難しく、また、②を行うことで盲点に気づいたり、頭の整理にもなっていたりするため、自分にとって最適な手順と感じています。

▶ P.119「相手に伝わる文章を書こう」を読んで

「「等」の行方」

以前、上司が用いる議員さんへの説明資料を作成しました。
資料が完成し、上司が説明に行きましたが、帰ってきた上司から、「資料にある「等」の中身を聞かれたのだけど、わかる？」と聞かれました。
そのとき、自分が作成した資料なのに、なぜ「等」を入れたのかがわからず、上司と2人、なんとか、「等」の中身を捻りだしました。
それ以来、「等」を使うときには、何のために入れるのかを気にするようにしています。

▶ P.127「説明の型をつくろう」を読んで

「どんどん同席」

説明のコツは、先輩のやり方をそばで見て、真似て、自分なりにアレンジして、トライ＆エラーを繰り返しながら身につくものと思います。
その点では、若手のうちに説明する場に同席することが大切で、幹部協議や外部との打ち合わせなど、チャンスがあればどんどん同席してほしいです。

▶ P.127「堂々と説明しよう」を読んで

「語尾までしっかりと」

幹部協議のとき、幹部の方から、「語尾までしっかりと話すことができているから安心」と言われました。もちろん、嘘はダメですが、しっかり言い切るということは、ほかの方にも指導されてきました。
今でも、幹部協議では、内心は不安でいっぱい、ドキドキですが、知り合いの堂々としている人を自分に憑依させるつもりで話しています。

▶ P.127「案件名・種類を最初に宣言しよう」を読んで

「冒頭の一言」

説明での「冒頭の一言」は、私も意識して実践しています。「相談させてください」、「ご判断をいただきたいです」、「途中経過ですがお耳に入れておきたく」、「愚痴っていいですか」など、いろいろ使いますね。明確な問題ではなくても、少し気になっている程度なら「雑談なのですが」と切り出すこともあります。

また、案件がどこまで了解を得るべき案件なのか（首長か、幹部か、課長か、係長か）といったことも伝えるようにしています。

いろいろな冒頭の一言ですね。雑談の切り出し方は私も使います。
また、どこまで了解を得るかを言ってもらえると、聞き手もそれを頭に入れながら考えられるので、ありがたいです。

▶ P.129「相手を意識した説明をしよう」を読んで

「相手をよく見て」

以前、資料ばかり見すぎて、相手が部屋を出て行ったのに気づかず説明を続けていたことがあります。

また、住民の方に説明する際は、前提知識の有無がいろいろなので、相手の反応を見て、説明を重ねたり、たとえ話などを加えたりすることも必要と感じます。

たとえば、説明の途中で相手の様子を見て、「ここまでのところは大丈夫ですか？」と区切るようにしています。そうすると、伝わったか、伝わっていないか、伝わっていないとすればどの部分かなどのコミュニケーションができて、その後の話がスムーズに進む気がしています。

▶ P.131「上司が忙しいときのアドバイス」を読んで

「1分いいですか？」

私は、「説明の仕方」よりも、「説明するチャンスをいかにもらうか」ということに気をつけています。

担当の頃は、課長に相談しようにも忙しそうで声をかけづらい状況が結構ありますが、相談の中には、最終確認やちょっとしたお願いごとなど、そんなに時間を要しないケースもあります。

こうした場合には、「〇〇課長、相談があるのですが1分だけよろしいでしょうか」と前置きすることにしています。実践してみると、だいたいの上司はどんなに忙しくても1分なら時間をとってくれました。

ただ、1分と言っておきながら、5分、10分と長くなった場合は、次は聞いてくれなくなるので注意が必要です。

おっしゃるとおり、説明の仕方だけでなく、説明するチャンスのつくり方も大切ですね。「1分だけよろしいでしょうか」という言い方は、私もよく使いますし、時には「一瞬、よろしいですか？」と言ったりもします（笑）。
このほか、説明が上手な方だと、まず相手に「どの程度時間をとれるか」を聞いて、その時間にあわせて内容をアレンジして説明するとか。さすが、上には上がいらっしゃいますね……。

▶ P.132「指摘はしっかりと受け止めよう」を読んで

「怖い上司でも」

「結論・指示事項を確認する」ことは大切ですね。

怖い部長のもとで働いていたとき、1年目は、部長に意図を確認できませんでしたが、2年目に、上司の課長が物怖じせずあいまいな部分を確認し、最後に必ず議論のまとめを確認・復唱していました。その姿勢を見て、自分も幹部の意図が不明確なときは、必ず確認するようになりました。

今では、恐れず確認することが自分や相手のためになると思っています。

▶ P.133「人前での説明、私の心がけ」を読んで

「場数を踏む」

私は、大勢の前で説明・発表することが苦手で、自信がありませんでした。しかし、年数を重ねると人前で説明・発表する経験も増え、場数を踏む中で、苦手意識が徐々になくなっていきました。実践は大切だなと感じています。

人前での説明や発表は、緊張しますね。私も島根に来て、人前に立つ機会が増えたので慣れてきましたが、やはり議会などでの説明は緊張します。

私の緊張の解消法としては、たとえば、自分の番になって急いで話し始めるのではなく、最初に一呼吸すると、心なしか落ち着いて話せるような気がします。

特別編

かつて若手だった
先輩たちから

第3章までは、若手職員の皆さんが、日々の仕事をよりよくする一工夫について、私が考えていることをお話ししてきました。

ただ、私も32歳とまだまだ若手。ベテランの方々はいろいろな経験をされており、「なるほど」と思うことが多々あります。

そこで、この特別編では、島根県庁で活躍する管理職のインタビューを座談会形式で紹介します。それぞれの方々が持つ多様な仕事観に触れてもらえればと思います。

仕事で大切にしていること

―― 管理職の皆さん、よろしくお願いします。はじめに、仕事をするにあたって大切にしていることを教えてください。

誠心誠意、それしかない

私は、誠心誠意対応することを大切にしています。これは、社会人1部署目に、土木部局の出先機関で、用地買収の仕事をしたときに学びました。

用地買収では、「道路の拡張工事を計画しているので、土地を譲ってください」と地権者との交渉からはじまるものですが、相手方にとっても大事な土地。そう簡単に応じていただけるものではなく、何度も出向いて、信頼関係を築きながら進めなくてはなりません。

ある地域では、10年以上も交渉が難航し、1人の地権者だけが交渉に応じていない状況となり、その方が地域内で孤立してしまうことがありました。たまたま我々が担当したときに交渉が合意に至ったわけですが、そのときに地権者の方が涙を流しながら言われた「自分は協力しないと

言ったことは一度もない。それがこんなことになって、子どもたちにまでつらい思いをさせてしまって申し訳ない」という言葉は、今でも耳に残っています。

　結局、その方の話を聞いていくと、最初の交渉の取っかかりで、互いの意思のすれ違いから行政不信に陥ってしまったのが原因のようでした。相手方の心の扉を閉じさせてしまった行政の責任も大きいなと思いました。

――最初の仕事を通じて、どういったことを感じられましたか。

　　　　　人の心・感情を動かすのはすごく難しいなと身にしみて感じました。

　　　　　当時の上司からは、「**最終的に納得・了承してもらうためには、誠実さが大事。誠心誠意、対応するしかない。それさえできていれば、最後はなんとかなる**」と言われていて、それを実践する上司の背中を見ながら、ひたすら学びました。

　用地交渉は、3年、4年と長い年月がかかる場合も珍しくないですし、住家の移転が伴うようなケースだと、地権者の生活再建を含めて考えることが必要な場合もあります。その方がきちんと納得してくれ、自分が協力することで工事が完成してよかったと思ってもらえないといけない、そこの入り口に自分たちが立っていると思っていました。

　社会人の最初に、よい経験をさせてもらったなと思っていますし、その後いろいろな仕事をする中でも、「県民の方々への対応は常に誠心誠意で」という気持ちだけは変わらず持ち続けてきました。そこは自信がありますね。

日頃からのネットワーク

 　私の仕事は企業誘致ですが、セミナーなどを開催して企業とつながりをつくることは当然大切な一方、自治体内で**日頃から相談できる人のネットワークをつくっておく**ことも心がけています。

　特に企業誘致は、自分だけ、自分の課だけでは限界があるので、関係するそれぞれの部門の方々とのネットワークが大切です。そうしたネットワークがあると、年数を重ねるうちに、どんどんよい仕事ができるようになる感じがしています。

──たしかに、私も、島根に来た1年目より2年目、2年目より3年目のほうが、知っている人も増えて、仕事をしやすいと感じます。知らない人に最初にお願いに行くときと、2回目、3回目にお願いするときでは、対応してもらえるスピードも違いますね。当然、仕事なので依頼されればやらなくてはいけませんが。

 　信頼関係ができている人から依頼されると、それにしっかり応えたいと思いますよね。それこそ、「芳賀さんからの相談だからがんばろう」とか「芳賀さんからの相談なら、自分の仕事もあるけれど、ちょっと時間を割いて対応しよう」みたいな関係を築けるか、ということです。

──信頼関係があると、会って話すだけで解決することもありますね。

 　ありますね。それに、「実はここだけの話なんですが…」と本音を言ってくれたりもする。

優しく、誠意をもって

私は基本的には、同僚・先輩・後輩の誰に対しても、**できるだけ優しく対応すること**を心がけています。

いろいろな方が私のところに来られますが、**優しく、そして誠意をもって対応する**ことで、相手も「よくしてもらった」と思って、また訪ねてきてくださいます。こうしたことが、仕事のよい流れにつながっているような気がします。

怒ったり、大きな声を出したりしても物事は進みませんし、人はついてきません。部下や周囲の方も気分が悪いでしょうし、結果、よい形に仕上がらないですよね。

――私も、お人柄に触れて、何度も相談に足を運ばせていただきました。きっと、ほかの方々もそうだったのだろうと思います。

早い対応で期待に応える

もう1つ心がけていることは、**早く対応する**ということです。

仕事をしていると、相手の要望に十分に対応できないことがありますが、そのとき、「お金ではできないことは時間で勝負する」ということをやったりします。中堅どころになれば、要望内容からどの程度の回答ができるか、相場観がわかってきます。たとえば、80点の回答しかできない案件について、「なかなか難しいかもしれませんが、ちょっとがんばってみます」と、いったんは60点くらいの厳しめな回答をします。

その後、その案件にはすぐ対応して、早めに相手に返すようにします。そうすると、相手は「60点だと思っていたのに80点の回答で、しかも、

早く対応してくれた」と満足感が非常に高くなります。答えは80点で変わらないのですが、それを相手がどう受け止めるか、がポイントです。

　逆に、「大丈夫です、後で対応します」と言って、いつまでも答えがない、まして、ずっと待たせた末の回答が相手の期待以下、というのはよくないですね。

　また、案件がたくさんあると、早く処理しないと忘れてしまいます。こうしたこともあって、今でも仕事では基本的にできるだけ早く返します。

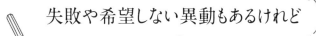

失敗や希望しない異動もあるけれど

——皆さん、ありがとうございました。

次はテーマを変えて、仕事での失敗について教えてください。若手職員さんと話すと、仕事で失敗して落ち込むことも多いようです。管理職の皆さんは、若い頃、どういった失敗をしましたか。

失敗は誰にでもある

　20代の頃、担当者の自分が会議を開催したときのことです。その会議で用いる資料は、ほかの資料から転記して作成するものでしたが、なぜか写し間違えて、図面と説明が合っていない資料になってしまいました。しかも、会議当日に出席者から指摘されてその事実に気づくという失態で、大変恥ずかしかったですね。自分で起案して、上司にも起案が回っていましたが、上司もさっとしか見ておらず、誰もチェックしていなかったということです。

　それからは、ダブルチェックをしっかりしなくてはと思っています。

やはり、自分1人だと思い込みがあって、スルーしてしまいますからね。

——たしかに、行政の仕事は、外に出す資料を作成するときなど間違ってはいけない場面がありますね。そういうときには、自分だけでなく、組織でチェックをしなくてはと思います。

 人間は失敗しますが、それをいかに少なくするかが大切だと思います。

プランBはある？

 私の場合は、失敗談ではありませんが、失敗を失敗で終わらせないために**常に「プランB」を持っておくことを心がけてい**ます。

よく「100点じゃなくて70点でいい」というのをよしとする風潮がありますが、私は違うと思っています。結果は70点で構わないけど、狙っていくべきは100点満点であり、自分が信念をもって、この課題を100％解決するにはどうしたらよいかを考えることが大事なのではないでしょうか。いろいろな問題があって結果として70点に留まることは許容しますが、最初から70点でよしとするのは違和感があります。

——なるほど。ややストイックにも映りますが、まずはベストを尽くしてほしいということですね。

 実際にはすべて100点満点が難しいこともわかっています。そんな場合に備え、プランBとして、「100点はこの水準だけど、一定程度譲歩して、ここまでできればOK」というものを持っておくようにしています。たとえば、上司が自分のつくった案に頷かな

いときに、「それならこういう案はどうですか」とプランＢを提案して、「それならいいね」と納得してもらうイメージですね。

　こうしたプランＢを持っておくことは、仕事をスムーズに進めるだけでなく、自分の気持ちを楽にするためにも大切だと思います。「プランＡオンリー」で突っ走ってしまうと、駄目になったときに気持ちが相当落ち込むでしょう。

　ですから、部下の方々との協議では、「この案だとこういうところが難しいと思うけれど、プランＢはありますか」と、意識して問いかけをしますね。

――ありがとうございました。
ところで、公務員といえば、数年ごとに異動があります。
若手職員さんからは、「異動でガラッと仕事が変わり、モチベーションの維持が難しい」、「せっかくここまで積み上げたのに異動か」と聞くこともありますが、意識されていることはありますか。

自分が何をしたか

　私は、ポストが変わっても、そのときそのときで、**「自分は何をやったか」を意識**しています。まったく新しい取り組みができるときもあれば、長年の課題にここまでは切り込めた、大変だったけどこれはやり切った、ということもあるかと思います。ただ漫然と仕事をするのではなく、今、自分はこのポストについて、どのような貢献ができるのか、何を残すことができているか、何をやったのかを問いかけることが大事ではないでしょうか。

　また、課に新しく来られた方には、「小さいことでもいいから、これをするとよくなるのではないか、スムーズに進むのではないかと思うこ

とがあれば何か1つやってみましょう」とお話しすることもありますね。

──「自分は何をやったか」ですね。たしかに、行政の仕事は息の長い仕事も多いと思います。

　「自分は何を目的にして仕事をするのか」という意識が大切ですよね。異動したときに、何ができるかをよく考えると、そのポストで新しくできることは必ずあると思いますよ。

若手時代にやっておくといいこと

──皆さん、ありがとうございました。最後に、若手職員の頃にがんばっておくといいことがあれば教えてください。

躊躇なく飛び込んで

特定のことをがんばるというよりも、**何でも躊躇なく飛び込んでみる**ことですかね。
　若手職員の皆さんは、これから仕事をする中で、その場その場で決断をしなければならない場面がやってきます。こうした決断は、実際には、そのときの思いつきではなく、自分が蓄えてきた選択肢からチョイスしていくことになります。そのときに、選択肢は多いほうがいいですし、その選択肢をつくれるよう、**自分の引き出しを増やしておいてほしい**と思います。
　そのためには、若い頃から「おもしろそう」と思ったら、何でも構わないので、躊躇なく飛び込んでみてください。

逆に、管理職になったときには、部下に自分の引き出しを見せてあげなければならないので、引き出しが少ないと、そのときに大変だと思います。そうならないよう、若いうちにいろいろなことに関心を持って飛び込んでほしいですね。

――私も、若い頃、「何でもやってみるといい」と先輩に言われたことがあります。

　また、仕事だけしか自分の軸足がないと、うまくいかないときに、自分自身が否定されたようなネガティブ思考にはまり込んでしまうことがあります。そのため、**仕事とは別の軸足**で、誰かのためになっている実感が持てることがあるといいと思っています。

　たとえば、地域のボランティアに参加する、スポーツ少年団の指導をする、NPOの運営に携わってみる、何でもいいです。そういったもう1つの軸足があると、仕事がうまくいかなくても、気持ちの一時退避所にもなりますし、自分の役割が実感でき、気持ちを楽に保てます。違う自分の顔があるのは楽しいですし、そういう意味でも、若い方々にはすすめていますね。

現場に赴き、チャレンジを

　私からは3つほど。1つ目は、**若い頃には現場にどんどん行っ**てもらいたいですね。自ら足を運んで、自分の目で見て、よく話を聞いてもらいたいと思っています。

　私の場合、最初の上司が現場を大切にする方で、いろいろな企業の社長さんに会わせてくれました。お話を聞き、工場等を見学させていただいたことで、知識が広がり勉強になりました。

　また、その頃にお会いした企業の社長さんは、魚の行商からはじめて、

のちに加工品の工場を建てて、加工品を販売する店舗も設けられた方でした。その社長さんにお会いして、思いに触れたとき、**私はこういう方を応援したい**と思いました。それが、自分の中でのやりがいですね。

2つ目は、**数字に強くなる**ことです。具体的には、「費用対効果を考える、データを分析・検証をする、そこから施策を立案する」ことです。今の仕事では、企業さんの財務諸表を見ることもあります。私も、数字は苦手な面がありましたが、今思うとまさに数字に強くなる重要性を感じています。

3つ目は、**失敗を恐れず、積極的にチャレンジをしてほしい**ということです。私たち上司も、若い方々がいろいろなことを言ったり、チャレンジしたりできる場をつくっていかなければならないと思っています。

人間の幅を広げよう

 私は、若手職員の皆さんには、**自分に投資して、人間の幅を広げてほしい**と思っています。具体的には、「**本を読む**」「**人に会う**」「**旅をする**」の3つですね。

若い頃はまだ視野が広くありません。視野を広げるために、自分の知らないことに興味を持って情報収集し、さまざまな人に出会って刺激を受け、実際に自分の目で見ることをしてみてください。

日々の仕事でも、自分が抱える現場を見たときに、こうした経験がつながって、考え方に広がりが出てくると思います。たとえば、東京が中心の日本地図でなく、日本海側から見た「逆さ日本地図」を見たことがあれば、東京が端っこに見えるのがイメージできるでしょう。いろいろな見方があるということです。

もう1つは、**先を見据えた考え方**です。これから行政を担っていく若手職員の皆さんには、10年後、30年後、50年後に自分たちの自治体は

どうなっているのか、どうあるべきなのかを考えてみてもらいたいと思います。

　今後、どのように時代が変わっていくのかわかりません。そのときが来たら、どういった準備をしておかなければならないか、場合によっては自分がいないかもしれない時代のことも考えて、イメージしてみてください。

日々の蓄積を大切に

　私としては、若い頃は、**日々の業務の蓄積を大切にして、知識や経験値を高めてほしい**と思います。

　今の仕事内容が自分の希望どおりではない方もいるかもしれませんが、現在の与えられた環境で自分を磨いてみてください。

　自分の仕事に適当に向き合っていると、築かれる基礎はどうしても弱いものになってしまいます。その上に、次の知識・経験が、また弱い基礎として積み重なると、スカスカのコンクリートのようになってしまいます。そのような土台では、いずれ崩れてしまいます。

　ですから、若手職員の皆さんには、それぞれの今の環境で、今、身につけるべき基礎を、確実に積み上げていってほしいと思います。

　これは一夜漬けではとてもできませんし、コツコツやってきた人には追いつけません。こうした日々の積み重ねが、3年や5年が経ったときのスキル・能力の差になると思います。

判断の物差しを常に磨く

　　　また、私がたまに思い起こす言葉に、「**判断の物差しを常に磨く**」という言葉があります。すでに退職された、尊敬する先輩の教えです。

　当時、その方から年齢を聞かれ、31歳と答えたところ、「30歳を過ぎたら、自分なりの判断の物差しを持っているだろう。これからは、常にその物差しを磨いて、それに照らして、物事がどうあるべきかを考えなければいけない」と言われました。

　当時の私は、目先の仕事をただこなす意識だけで、そもそも判断する物差し自体を持ち合わせていませんでした。その言葉に、自分の意識は、全然足りてない、未熟だなと痛感しました。

　思考の視野を広げ、物差しを磨くためには、今の仕事に直接関わらないことでも、たとえば、今社会で何が起きているのか、関心を持って、課題の本質を自分なりに考えてみる、物事の仕組みを1つずつ理解するといった、日々の積み重ねでしかないのかなと思っています。若い頃から、そういった意識で取り組めば、土台が少しずつ築かれていくと思います。

――管理職の皆さん、ありがとうございました。

Production Note
プロダクションノート

本書はこんなふうに
つくりました

映画のパンフレットでよく見かける「プロダクションノート」というページには、映画の製作秘話が掲載されています。本書も完成までいろいろなことがありました。その裏話をプロダクションノートとしてご紹介します。

採用から人材育成へ

~2018

　島根県庁赴任前は総務省や長崎県庁で仕事をしてきました。そんな私が人材育成に関心を持ったきっかけは、総務省で採用担当を務めたときです。

　採用担当は学生さんの進路選択に向き合う仕事です。私自身、学生時代に進路で悩んだこともあり、少しでも学生さんの力になれればと、やりがいをもって取り組んでいました。

　一方、採用活動が終盤に向かうにつれ、採用した後、学生さんがどんな社会人に成長していくか考えるようになりました。「採用はゴールではなくスタート。次は、どう育てるかが大切ではないか」――採用の仕事を通じて、人材育成の重要性を感じました。

島根で若手職員さんに出会う

2019

　令和元年度、島根県庁に赴任しました。赴任1年目に携わったのが、若手職員有志による政策提案制度です。その年々でテーマを設定するこの取り組みですが、令和元年度は「令和の時代にふさわしい県政運営」をテーマに、これからの時代に合わせた働き方や組織を考えるものでした。

　私は直接の担当ではありませんでしたが、当時の部長さんの「東京から来た芳賀くんを関わらせてほしい」との計らいで、若手職員さん22名のコーディネーターを務めました。

　そのとき、私は29歳。若手職員の皆さんと同世代でした。そんな皆さんの問題意識には、同世代として共感しましたし、その問題意識を政策に磨き上げるため、たくさんの議論を積み重ねました。

若手職員の政策提案。最終報告は、多くの職員さんに聞いていただきました

このほかにも、県庁のライトアップイベントや民間主催のロックフェスにスタッフ・ボランティアとして参加し、若手職員さんと肩を並べて、テント張りや駐車場整理などの活動をしました。

こうして多くの若手職員さんと一緒に過ごしていると、皆さんが島根県をよくしたいという熱い思いをもっている一方で、仕事やキャリアにさまざまな悩みを抱えていることが見えてきて、自分の中で問題意識を持つようになりました。

2020　たどり着いた掲示板の連載

そこからは、若手職員さんの悩みに何かできることはないか、考えるようになりました。
勉強会の開催も考えましたが、職員さんの忙しい様子を見るとなかなか難しい……。まして、令和２年度はコロナ禍となり、活動が一気に制約されました。

そんなとき、以前の総務部長さんが、県庁のポータル掲示板で働き方改革などを紹介する「総務部長つうしん」を連載していたことを思い出しました。
「掲示板を使えば、皆で集まることなく、若手職員の悩みにアプローチできそうだ。それなら、自分がこれまで仕事で感じたことを文章にして、掲示板に投稿してはどうだろうか」。そう思いつくと、さっそく、構想の具体化を進めました。

しかし、連載となると継続性が求められます。きちんと続けられるか、そして、自分の文章が職員の方々にどう思われるか……。そんな不安がありましたが、「悩んでいても仕方がない」と、試しに原稿を書いてみました。
いざ書きはじめると、自分が普段なんとなくしか考えていなかったことの言語化が、想像以上に大変だとわかりました。筆に悩みながらコツコツ書き溜めること３か月、１年分の原稿ができあがりました。

次に、その原稿を、県職員の方や総務省の先輩、大学時代の友人の何人かに、モニターとして読んでもらいました。
ありがたいことに、皆さんからは連載自体への否定的な意見はなく、「ぜひ連載をしてほしい」と、応援のコメントをいただきました。
一方、個別の書きぶりでは、「この部分は若手職員にはピンと来ないから、もう少し丁寧に書いたほうがいい」、「この表現は強すぎる。抑えめにしてはどうか」など、さまざまなフィードバックをいただきました。
そこからまた原稿を練り直し、少しずつ連載の準備を進めていきました。

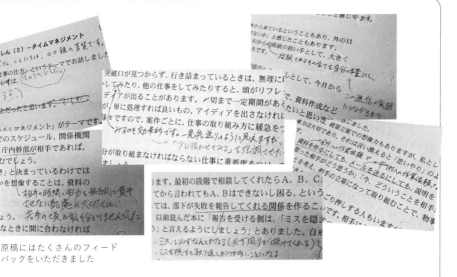

原稿にはたくさんのフィード
バックをいただきました

いよいよ連載スタート！

　年度が明けて、令和3年4月。財政課に異動するとともに、月曜日のお昼休みに、最初
の文章を投稿しました。

　投稿後ドキドキしていると、1時間も経たずに県立高校の先生からメールが届きました。
　──「お忙しい中、職員のためにアドバイスをくださることに一言感謝申し上げたく
メールいたしました」「今後もメッセージを拝見することを楽しみにしております」「島根
県のために、島根を少しでも住みよい県にするために、ともにがんばりたいと思います」

　その先生の勤務地は島根県庁から200kmも離れていて、もちろん面識はありません。た
だ、このメールから、自分の書いた文章が誰かの心を動かしたことを実感しました。
　正直、それまでは、「国から来た若造が、仕事の仕方を語るなんておこがましい」と思わ
れないか、何だかんだ不安がぬぐい切れませんでした。
　しかし、そのメールで、一気に気持ちが晴れたのを今でも覚えています。

　その後もメールは次々と届き、1日が
終わる頃には、知っている方、知らない
方を含め6名の方々から感想や激励をい
ただきました。

いただいた1通目
の感想メール

幅広い方々からの感想メール

　こうして連載をスタートさせると、思っていた以上に幅広い方々から感想メールが寄せられました。

　年代では、若手職員はもちろんのこと、中堅や管理職、中には「この3月で定年退職します」という方もおられました。職種も、一般職員や会計年度任用職員、行政事務や技術職、学校の先生や警察職員など多岐にわたりました。

　若手職員さんからは、
「仕事の仕方は忙しい先輩や上司にわざわざ聞きにくく、見て学ぶしかなかったので、こうして言葉にして、仕事のコツやほかの人の経験談を聞けるのはありがたかったです」
「知ってて当たり前かもしれませんが、そういったことこそ大切で、その積み重ねが、いつか自分を救ってくれると語りかけられている気持ちになりました」
「私が失敗して覚えたことを、これを読んだ後輩は恥をかかなくても気をつけられると思うと、羨ましいです」
　といったうれしい声に、「言語化」の試みに自信を持つことができました。

　管理職の方からも、「普段、思っていたことが言語化され、部下とも話ができました。この間も、連載の言葉を借りて、『ケアレスミスは些細なことではないよ』と部下と話しました」との感想をいただきました。

　ほかにも、「芳賀課長、ちょっと聞いてください。この間、こういうことがあって」といった仕事の愚痴から、「職場で誰にも話せませんが、悶々と悩んでいます」といった相談ごとまで、いろいろなメールが届きます。

　また、島根県庁にとどまらず、市町村や民間企業の方から、「実は、知り合いの県職員さんから連載のことを教えてもらって、毎回読んでいます」と声をかけてもらったこともありました。
　「来月で県庁から民間企業に転職するが、今後も連載が読みたいので送ってほしい」といったありがたい声を受けて、県職員以外の方々に向けてメルマガ形式での直接配信もはじめました。

　最終的に感想メールは200通を超え、毎回の連載は6,000人近くの既読がつくように。
　メールには、一つひとつ返信することで、皆さんと双方向の意見交換をさせていただきました。

番外編、はじめました

掲示板の連載が安定してくると、番外編にもチャレンジしました。

まずは、「法令編」です。若手職員さんと法令の話をした際、「難しい」「条文が長くて理解できない」など苦手に感じている方が多かったため、基本的な法令の読み方について連載しました。

次に、「先輩インタビュー」です。通常の連載では、メモを取るなど身近な話題が中心でしたが、一方で、若手職員さんが「どういった思いで仕事に取り組むか」「どういった職員に成長したいか」を考える機会もあればと感じるようになりました。

そこで、私が県庁の管理職の方々にインタビューを行い、その模様を番外編「先輩に聞く」として連載しました。

「長年の経験を積んだ方々の言葉には重みがある」「尊敬する○○さんの話がおもしろかった」「管理職の方々にも自分たちと同じ時代があったと知り、あせらず目の前のことに集中したいと思った」など、通常の連載とは違った視点で楽しんでくれたようです。

ちなみに、本書の特別編は、このインタビューを抜粋し、座談会形式に再編集したものです。

この連載は文字でのやり取りを超え、こんなことにも発展しました。

ある日、出先機関の管理職の方から、「ここの若手職員さんは、芳賀課長の連載を楽しく読んでいるようです。よければ、若手職員さんと直接、意見交換しませんか」といったうれしいお誘いのメールが。そうしたことがきっかけとなり、出先機関や大田市役所で双方向の意見交換を行わせていただくリアルな場も実現しました。

出先機関や大田市役所での意見交換。皆さんと話したことは、本書の執筆にも活きました

7月中旬　書籍化のお誘い

　連載をはじめて1年が経つと、職員さんから「この文章を書籍化してほしい」と声をかけていただくようになりました。

　最初は気恥ずかしさもありましたが、書いてきた文章を改めて見直すと、100ページを超え、結構なボリュームとなっていました。また、連載の内容もその時々でテーマを選んでいたため、体系立っておらず、後からは読み返しにくいものとなっていました。

　「たしかに今のままでは、連載が終われば一過性で終わってしまう。しかし、本としてまとめられれば、今後も若手職員さんの仕事の参考になるのではないか」

　そんなことを考え、出版の可能性を模索していた頃、地元紙がこの連載の取り組みを記事にしてくれました。その記事が、本書の版元であるぎょうせいさんの目に留まり、書籍化のお誘いをくれたのが、連載2年目の7月でした。

　検討していたとはいえ、お誘いを受けたときは、はじめての経験で、不安もありました。
　しかし、その本を読んだ若手職員さんが、少しでもやりがいをもって、よりよい仕事ができるようになるなら、その背中を後押ししたいと考え、書籍化へのチャレンジを決めました。

7月下旬　せっかくつくるなら、若手職員さんと

　一般的に、本の執筆は、著者と出版社が二人三脚で進めるものと思います。
　しかし、この本では、「せっかくなら、実際の若手職員さんの声も聞き、若手職員さんが求めるものをつくりたい」と考え、掲示板の連載を楽しんでくれていた若手職員6名に声をかけ、若手チームを立ち上げました。

　打診をしたところ、皆さん、「楽しそう。ワクワクしますね」と快諾してくれ、7月の終わりにはさっそくキックオフミーティングを開きました。

　「1年目向けの項目は必須だと思う。若い職員が増える中、1年目で任される仕事が年配の方から引き継ぐこともある。仕事の仕方・社会人としての過ごし方を教えてほしい」
　「上司世代に読んでもらえると、若手が何に悩んでいるか知ってもらえると思う。若手向けだけど、裏メッセージとして上司にも伝えたい」
　「今の掲示板での感想紹介は、漫画の単行本にある読者のハガキ紹介コーナーみたいで

好きなので活かしてほしい。コール＆レスポンスがあるといいな」

次々に上がる皆さんの意見を聞きながら、私自身、「皆さんの思いに応えられるものをつくりたい」と、身が引き締まったのを覚えています。

最初の企画書。今とは違った構成を考えていました

執筆スタート！ 8月〜9月

企画段階で出た若手チームのさまざまな意見を踏まえ、執筆に取りかかります。

まず、8月は構成づくりです。掲示板の連載も読み返しながら、どういった章立てにするか、各章にどういったコンテンツを載せるか、いわば本書の設計図を作成します。

完成した設計図をもとに、9月に本文を書き始めました。掲示板の連載には1年前の文章もあり、今の自分の感覚に合うよう書き直していきます。また、感想メールを改めて読んでは、「どんな言葉が響いたか」もふまえメリハリのある文章を心がけます。

チームで進めた製作過程 10月

10月には粗々の初稿ができ、それを若手チームに読んでもらいました。

「この部分は、あるあるネタで好きです」

「"中堅も異動直後は質問しまくるよ"と感想で紹介されると、皆も安心しますね」

「ここは具体例があるとよりわかりやすいと思います」

「新人の頃、いい言い方が思いつかなかったので、フレーズがあると実践しやすいです」

メンバーそれぞれの視点から、たくさんのフィードバックをいただきました。

出版社とは、メールやオンラインでやり取りを重ねました。

編集担当からの投げかけに対し若手チームに意見を聞いてみるなど、情報共有しながら皆で製作を進めていきます。

「プロの編集者の視点はさすがと思うもので勉強になる」「ものづくりのおもしろさ・難しさの両面に触れられた」。若手チームも刺激になっていたようです。

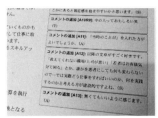

若手チームのフィード
バックコメント。コメ
ントを受け、新たに書
き下ろした項目も

11月　本のかたちが見えてくる…

11月、編集作業が本格化していきます。

本文は、若手チームからのフィードバックを一つひとつ検討し、反映させていきます。悩んだときには、「報連相の部分を大幅に変えてみました。前後でどちらが好みですか?」といった投げかけもしました。

本文のレイアウトもできあがってきました。

「好き嫌いがでないレイアウトがいいですね」

「管理職インタビューは、本編とは違った特別感を出しましょう」

そんな話をしながら、編集担当と固めていきます。できあがった数ページのレイアウトを見て、若手チームとともに気持ちが弾みました。

そして、本書を彩るイラスト。実は若手チームのメンバーに描いてもらったものです。

「本書を読む中でほっと一息つける優しいトーンにしよう」

「お便り掲示板のイラストは、お便り・手紙をモチーフにしてはどうか」

ラフ段階から完成度が高く驚きましたが、すてきなイラストを描き上げてくれました。

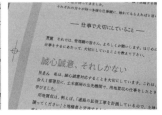

(写真左)編集担当と
デザインを考えたとき
のコンセプトペーパー
(写真右)ゲラ前のレ
イアウト

校正作業スタート

　そして年末、ついにゲラが届きました。

　固めたレイアウトに、ワードで書いていた本文、そしてイラストが加わって180ページ弱のボリュームです。ここから校正作業スタートです。

書名も決定！

　ちょうど同じ頃、本の名刺ともいえる書名も決まりました。

　本文全体を改めて見返して、何を本書で伝えたいか考えます。出版社と複数案を出し合って検討を重ね、今の書名にたどり着きました。

校正作業も終盤に

　年始からの校正作業ではフェーズが変わり、ゲラに赤ペンで直接修正を書き加えます。

　実際に本の形式になると、ワードとは違ったものとして原稿が見えてきます。

　「思ったより、具体例が長々としているな」

　「このブロックは前後でどういった役割を果たすのだろうか」

　編集担当からも「後悔しないを優先に」と言ってもらい、改めて1文1文を読み込んでは、書きぶりを確定させていきます。

　同時並行で、本の装丁もできあがりました。

　「若手職員さんがデスクに置いて、ふとしたときに手に取って読み返したくなる」デザインを心がけ、柔らかさも大切にしました。

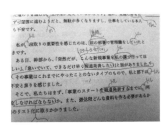 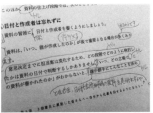

微修正を重ねながら仕上げていきます

告知開始！

発売を控え、本書の告知も開始されました。

何よりもまずは島根県庁の皆さんに伝えたいと思い、1月16日、通常の掲示板連載の最終ページでサプライズ告知をしました。告知を読んだ方から「楽しみにしています」と声をかけていただき、やる気が一段とアップします。

ただ、校了はまだ先。追い込みは続きます。

「庁内向けのPRをしたい」。そんな若手チームの声を受け、発売まで毎週カウントダウンもしました

2月初旬　そして、校了！

2月初旬、最後の修正を反映させ、ついに校了となりました。

振り返ると、書籍化を決めた7月からの半年間は、あっという間でした。

若手チームや出版社の皆さんと一緒に進めてきたこともあり、執筆中は孤独を感じることもなく、楽しく取り組めました。

一緒につくり上げてくれた皆さんには、心より感謝申し上げます。

若手チームの皆さん、一緒に活動できて本当に楽しかったです。ありがとう！

おわりに

　ここまでお付き合いいただき、ありがとうございました。
　改めて、本書のキーワードをおさらいしてみましょう。

　まずは、言語化です。
　仕事の仕方を意識して取り組むのと、意識せずに漫然と取り組むのでは、修得スピードもアウトプットの質も違ってきます。本書の「若手時代に知っておきたい仕事の仕方」の言語化が、皆さんの心を軽くし、よりよい仕事に少しでもつながればと思います。

　次に、成長です。
　本書では、若手職員が成長していくイメージが持てればと、3つのステージそれぞれで身につけてほしい仕事の仕方をお話ししました。
　実際、若手職員さんから「働いていても、成長している実感が持てない」という声も聞きます。本書が、「今、自分が何を身につけておきたいか」を考えるきっかけになればうれしいです。

　そして、多様性です。
　仕事の仕方は人それぞれです。私がお話ししたことは1つの考え方に過ぎませんし、多様な仕事の仕方があるほうがチームは強くなります。
　さまざまな仕事の仕方に触れる中で、自分に合うものを見つけていってください。

私からの最後のお話は、「何のために、誰のために働くか」についてです。

　皆さんは、住民のために役に立ちたい、地域をよくしたい——そんな思いをもって、公務員という職業を選ばれたことと思います。

　一方、今、皆さんがしている仕事は、ひょっとしたら、公務員になる前に思い描いていた仕事とは違うものかもしれません。
　私たちの仕事には、実績が評価されにくい仕事、できて当たり前の仕事、あるいは、人から感謝されず、逆に住民の方々の権利を制限して、嫌がられる仕事もあるでしょう。モチベーションの維持に苦労するときもあるかと思います。

　しかし、そういうときこそ、初心に立ち返り、「何のために、誰のために働くか」考えてみてはいかがでしょうか。

　目の前に住民の方々がいない間接的な仕事だとしても、私たちの仕事が住民の暮らしを支え、豊かにするものであることに変わりはありません。自分たちの仕事の先には住民の方々の笑顔があると思えれば、力が湧いてくるかもしれません。

　そのときに、本書が皆さんの背中を後押しし、結果として、皆さんが、公務員という仕事にやりがいと誇りをもって、前を向いて歩み出すことができれば、著者としてこれ以上の喜びはありません。

　本書を読んでくださった皆さんのご活躍を、ちょっと前まで若手職員だった1人として、心より応援しています。

おわりに、若い頃の私の夢は学校の先生でした。

　福島から進学で上京したときは、高校の先生を志していましたが、その後、いろいろな出会いの中で理系から文転し、最終的に公務員という職業を選びました。

　そんな背景もあり、今、島根でこうして人材育成に携わっていると、ふと昔の自分を思い出し、不思議なご縁を感じます。

　そして、本書が出版できたのも、多くの方々とのご縁のおかげです。

　若手チームやぎょうせいの方々はもちろんですが、何よりも、２年間の連載を応援し続けてくださった島根県庁をはじめとした皆さんの存在が、私の執筆の一番の原動力でした。

　紙幅の関係上、一人ひとりをご紹介することはできませんが、私のこれまでの取り組みに関わってくださったすべての方々に、最大限の感謝を申し上げ、本書の結びとします。

付録　読書のおさそい

　島根県庁の連載では、若手職員さんから「おすすめの本を知りたい」という声を多くいただきました。そこで、個人的な話で恐縮ですが、読書について取り上げたいと思います。

●私の読書生活

　社会人1、2年目はあまり読書をしていなかった私ですが、3年目のときの上司の方が、毎年100冊の読書を心がけておられ、それに刺激を受けて積極的に読書をするようになりました。

　最近では仕事の繁忙などで差はありますが、おおむね月に3〜5冊を読むようにしています。

　ジャンルは、気分転換に小説やノンフィクションを読むことが多いですが、仕事の参考にビジネス書も読みます。気軽なオンライン書店を利用したり、お気に入りの本屋さんで自由気ままに本棚を眺めながら選んだり、ときには図書館で借りることもありますね。

　それでは、これまで読んだ中から、心に残った本をいくつかご紹介します。

●テーマ別おすすめの本

＜仕事についてもっと考えたい＞

　『入社1年目の教科書』岩瀬大輔（ダイヤモンド社）

　『明るい公務員講座』岡本全勝（時事通信社）

　『さっと帰って仕事もできる！ 残業ゼロの公務員はここが違う！』小紫雅史（学陽書房）

　『私が官僚1年目で知っておきたかったこと』久保田崇（かんき出版）

『苦しかったときの話をしようか　ビジネスマンの父が我が子のために書きためた「働くことの本質」』森岡毅（ダイヤモンド社）

『40歳を過ぎたら、働き方を変えなさい』佐々木常夫（文響社）

『高校生からのリーダーシップ入門』日向野幹也（ちくまプリマー新書）

<刺激を受けた社会人の先輩方>

『なぜ、彼らは「お役所仕事」を変えられたのか？　常識・前例・慣習を打破する仕事術』加藤年紀（学陽書房）

『県庁そろそろクビですか？　「はみ出し公務員」の挑戦』円城寺雄介（小学館新書）

『流しの公務員の冒険　霞が関から現場への旅』山田朝夫（時事通信社）

『学校の「当たり前」をやめた。　生徒も教師も変わる！ 公立名門中学校長の改革』工藤勇一（時事通信社）

『未来を変えた島の学校　隠岐島前発 ふるさと再興への挑戦』山内道雄・岩本悠・田中輝美（岩波書店）

<気分転換にホッと一息>

『神様のカルテ』夏川草介（小学館）

『本日は、お日柄もよく』原田マハ（徳間文庫）

『わたし、定時で帰ります。』朱野帰子（新潮文庫）

『みかづき』森絵都（集英社文庫）

『風に立つライオン』さだまさし（幻冬舎文庫）

参考文献

『嫌われる勇気』岸見一郎・古賀史健（ダイヤモンド社）

『マンガでわかりやすい　ストレス・マネジメント』大野裕 解説・監修（きずな出版）

『入社1年目の教科書』岩瀬大輔（ダイヤモンド社）

『公務員の速攻ライフハック』佐久間智之（学陽書房）

『明るい公務員講座』岡本全勝（時事通信社）

『明るい公務員講座　仕事の達人編』岡本全勝（時事通信社）

『管理職のオキテ　明るい公務員講座』岡本全勝（時事通信社）

『さっと帰って仕事もできる！残業ゼロの公務員はここが違う！』小紫雅史（学陽書房）

『私が官僚1年目で知っておきたかったこと』久保田崇（かんき出版）

『最強の働き方　世界中の上司に怒られ、凄すぎる部下・同僚に学んだ77の教訓』ムーギー・キム
（東洋経済新報社）

『見やすい！ 伝わる！ 公務員の文書・資料のつくり方』秋田将人（学陽書房）

『自分もまわりもうまくいく！公務員女子のおしごと帳』村川美詠（学陽書房）

『プレイングマネジャー「残業ゼロ」の仕事術』小室淑恵（ダイヤモンド社）

イラストレーション／小林由加里（島根県 雲南県土整備事務所主任）

装丁・本文デザイン・図版作成／工藤公洋

本文組版／G-clef

著者略歴

芳賀健人（はが・けんと）

島根県総務部財政課長
福島県出身。東京大学経済学部卒業後、平成25年に総務省に入省し、長崎県、大臣官房、自治行政局などで勤務。平成31年4月から島根県に出向し、政策企画局、地域振興部を経て、令和3年4月から現職。高等学校教諭一種免許（公民）取得。

知っていると仕事がはかどる
若手公務員が失敗から学んだ一工夫

令和 5 年 3 月15日　第 1 刷発行
令和 5 年10月15日　第 5 刷発行

著　者　芳賀　健人

監　修　島根県人事課

発　行　株式会社ぎょうせい

〒136-8575　東京都江東区新木場1-18-11
URL：https://gyosei.jp

フリーコール　0120-953-431

ぎょうせい　お問い合わせ　検索 https://gyosei.jp/inquiry/

〈検印省略〉

印刷　ぎょうせいデジタル株式会社
※乱丁・落丁本はお取り替えいたします。

ⓒ2023　Printed in Japan

ISBN978-4-324-11227-4
(5108842-00-000)
〔略号：仕事一工夫〕